U0040646

Knowledge BASE 系列

一冊通曉 不可不知的基礎人文知識

圖解 經濟學 修訂版

溫美珍 著　熊秉元 審訂

為經濟學教育謀

文◎熊秉元

　　今年寒假沒有出遠門，不教書、雜事少，時間比較完整，剛好留在研究室裡讀書「練功」。我陸續看完三本書，都是法律經濟學者蒲士納法官（Judge Richard Posner）的論著。

　　第一本，是《法學理論前沿》（Frontiers of Legal Theory）；書裡描述、探討、評估法學理論近年來的發展，特別是和經濟學、心理學等其他學科的互動。第二本，是《聯邦法院的挑戰和改革》（The Federal Courts: Challenge and Reform）；針對法院案件數大增，檢討可能的原因和因應之道。第三本書，是《司法、務實主義、和民主》（Law, Pragmatism, and Democracy）；一方面論述民主和司法的相對關係，一方面大篇幅論證美國的民主政治。

　　蒲氏近年來的作品，有人認為不再像過去一樣的有開創性；還有，雖然還是上乘之作，但是「精品」的比例明顯下降。英雄所見，本來就說各話。不過，至少有一點，我認為他一路走來，始終如一；這是他個人的特色，至少目前來看，絕無僅有。

　　我是指他論述的方式。對於一個議題，他往往先大筆一揮，直指某一特質。然後，旁徵博引，把這個特質發揮得淋漓盡致。讀者心中暗暗叫好，佩服之心油然而生。冷不防，他筆鋒一轉，認為「也不盡然」；在完全相反的方向上，他又娓娓道來各種考量，而且振振有辭。再一轉眼，他又指出另一種方向，又論證一番；推演之後，再轉回頭，又作引申。

　　這麼來來回回、幾度衝決網羅，性急的讀者可能會有「刀筆之吏」之歎——天下道理，都被律師說盡，而且把玩於股掌之間。稍微有耐心的讀者，在見識到蒲氏的才華之外，或許還察覺到他的企圖：藉著這種「鋸齒式」（see-saw approach）的論述方式，他烘托出問題的各個面向，而且留下思

索和論斷的空間。一件事的意義，往往受到諸多因素的充填和拉扯，而通常不是一刀兩斷、黑白分明。

說來奇怪，蒲氏是著名的法律學者、也是出色的經濟學者；由他的著作裡，我曾得到許多法學和經濟學的智慧。然而，這三本書裡，我覺得對我影響最大的論點，是他對美國民主的闡釋。

對於「民主」這個概念，蒲氏界定出兩種論點：「一式民主」（Concept 1 Democracy）和「二式民主」（Concept 2 Democracy）。一式民主，通常是哲學家、政治學者所信奉：民主，是公民們透過溝通、討論、說服、辯證、協商的過程，最後找到最好的公共政策和最好的領導者。二式民主，是務實主義者、也就是蒲氏本人的立場；民主，一旦成熟上軌道，會呈現冷熱並存的現象。大多數的民眾冷漠無知，關心自己的小狗、遠勝於關心教育政策。小部分的政客，熱心、有旺盛的企圖、有閒有錢、平均教育水準較高；他們投身於政治，縱橫捭闔、發光發熱，以明星般的身段語言，爭取民眾的選票。蒲氏的論證之一是：在家世、職業、教育、所得方面，美國國會議員之間相似的程度，要遠大於他們和一般民眾相似的程度。

一式民主，是直接的、慎重的、審議的、從容的、參與的、協商的，是以公民為主（deliberative democracy）；二式民主，是間接的、代議的、兩極式的、務實的、就事論事的，是以政治菁英為主（elite democracy）。蒲氏認為，一式民主，為哲學家和政治學者所嚮往，但是多半存在於典籍和想像裡；只有在新英格蘭的小城裡，小國寡民，勉強運作。二式民主，粗俗喧囂；但是美國地廣人多，剛好像是量身訂作。他認為，長遠來看，二式民主比較穩定，比較可長可久。

　　蒲氏的見解，也許卑之無甚高論，本當如此。然而，對我個人來說，卻觸及了內心深處的某些情懷。

　　十餘年來，我寫了數以百計的文章，在報章雜誌上宣揚經濟思維。除了實際考量（稿費、知名度、小小的虛榮心）之外，心底深處多少有幾絲未經深思、不敢言明的想像——希望能產生一些作用，影響讀者的思維。因為經濟分析強而有力，如果社會大眾能「像經濟學家般的思維」（thinking like an economist），那麼決策品質將會提昇，社會的福祉也將水漲船高。

　　這種藏在心底的情懷，講明了，其實就是類似「一式民主」的思維——透過經濟學者的傳教，社會大眾接受經濟學的福音，可以從容仔細慎重的考量，並且自求多福。這種想法，和倡議一式民主的哲學家和政治學者，即使不是同樣的不切實際、無稽、好笑，大概也相去不遠。我不願說：我錯了！但是，我意識到自己的想法裡有些矛盾，值得檢視、省思、調整。

　　不過，即使想法上有差池，我的作法其實並不離譜。蒲氏提到，二式民主之下，民眾務實得很；會在乎明顯、直接、具體的利益，而不會關心抽象、遙遠、模糊的目標。同樣的道理，至少在過去這十多年裡，我所寫的文章，是以讀者為中心；我以日常生活經驗為材料，以經濟理論為思維，呈現一道道平實有趣（希望如此）的菜餚。我很少用專有名詞或學術用語，我也盡量寓學理思維於尋常故事和茶米油鹽之中。

　　因此，在觀念上，我似乎犯了和一式民主論者同樣的錯誤；稍可自遣的，是在行為上我守住了二式民主的底線。思想觀念和實際作為之間，有一段落差，這是學者的通病；是缺點，不算是罪惡。何況，蒲氏所描述的，是美國的民主制度；已經上軌道，一般民眾當然可以袖手旁觀。在華人社會裡，無論在

政治、經濟、法治方面，無論是香港、台灣、中國大陸，都和先進社會有一段距離。因此，專業人士向社會大眾傳教，似乎是無可逃避的責任，也還有相當的揮灑空間。

然而，無論社會上軌道與否，人就是人，只會關心跟自己有切身利害的事。先進社會之所以成為穩定成熟的社會，往往是經過長期的波折起伏，然後才發展出適當的典章制度；一方面讓政治菁英揮灑表現，一方面讓社會大眾冷眼旁觀，雙方各得其所。因此，正在成長進步的社會裡，更值得關注各自的利益；讓各種利益競爭衝突之後，再摸索出和平共處之道。

因此，對我而言，這個思維過程的啟示是：以後寫文章時，可以放鬆心情；毋需再有「文以載道」的期許，最好抱持自娛娛人的情懷。如果真的希望讀者具有經濟思維，就直接訴諸於特定讀者的切身利害──寫本家庭主婦看的經濟學、或中學生看的經濟學、或捷運族看的經濟學。也就是，讓上帝的歸上帝，讓凱撒的歸凱撒！──《圖解經濟學修訂版》這本書，顯然就符合這個指標。

在觀念上，我認為已經自我釐清、自我救贖；在作法上，是不是能就此改弦更張呢？也許，由一式民主的信徒變成二式民主的信徒，需要一點時間吧！

目錄 CONTENTS

Chapter 3 市場失靈及經濟效率

Chapter 4 衡量社會福祉的指標──國民所得

Chapter 5 政府調節經濟的工具 ——財政政策與貨幣政策

Chapter 6 世界經濟的往來——國際貿易

Chapter 7 全球化的發展─國際金融

Chapter 8 經濟成長與經濟發展

Chapter 01

消費者行為理論

　　經濟學是一門處理資源稀少性的學問，經濟問題也是日常生活面臨「選擇」的問題。在「資源有限、慾望無窮」的現實世界裡，它提供了我們一個分析的工具，研究如何將有限的資源做最有效的配置。眾所周知，要學好經濟學開門見山的最基本概念就是─需求與供給，兩者就像剪刀的雙刃，相輔相成，缺一不可。這兩種要素形成了產品的均衡價格與數量；也是造成價格變動的原因。另外更深一層的彈性及效用分析更提供了在現實生活中對消費者行為一個合理的分析解釋。

價格的決定—需求與供給

有一則古老的經濟學笑話說只要教鸚鵡學會「需求與供給」，鸚鵡也可以成為經濟學家。雖然是玩笑話，卻也說明了需求與供給的概念的確是認識經濟學的重要基礎，並且提供我們一個實用的工具解釋發生在生活周遭的實際案例。

什麼是需求？

簡單地說，需求指的是當其他條件不變，在各種價格下，消費者「願意」且「能夠」買的數量。

以水果的需求為例，當蘋果一公斤50元時，家庭主婦一個月想買5公斤；而當蘋果一公斤漲為70元，家庭主婦會減少一個月想買的數量變成3公斤；但當蘋果一公斤降為30元，家庭主婦會增加一個月想買的數量變成7公斤。由此可以看出，隨著蘋果價格的變化，家庭主婦在一個月內對蘋果的需求量和價格呈反向的變動關係。經濟學由此概念歸納出「需求法則」，即「價格上漲時，需求量減少；價格下跌時，需求量增加」。

什麼是供給？

與需求對應的是「供給」，代表的是當其他條件不變，在各種價格下，生產者所「願意」且能夠「提供」的數量。同樣地，價格與供給量之間也存在著「供給法則」，即「價格上漲時，供給量增加；價格下跌時，供給量減少」，價格與供給是一個正向變動的關係。這種關係是如何形成的呢？

以農夫種稻米為例，當稻米的市場價格由一公斤10元上漲至15元，農夫為追求更大利潤，因而投入更多土地及資源來種植稻米，使稻米豐收以增加市場的供給量。另一方面，為了使稻米豐收，相對地農夫必須花較高的成本來因應增加的產量，為了至少達到損益兩平，稻米出售的價格勢必要能彌補所投入的生產成本。反之，我們可以輕易反推當稻米的市場價格下跌為一公斤7元時，農夫種植稻米漸漸無利可圖，便會紛紛將土地改種其他作物，市場上的稻米供給量也因而減少。

Tips

經濟學的重要假設—其他條件不變

經濟學理論中最常見也最重要的假設為「其他條件不變」，主要是要將複雜的現實經濟現象簡化為由邏輯推演出來的「因果關係」，以做為判斷分析的依據。

蘋果價格與消費者需求

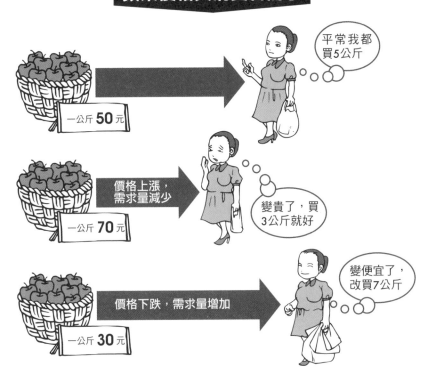

稻米價格與農夫供給的關係

收入如何影響需求？

當我們加薪時，可能會買些奢侈品或是吃大餐來犒賞自己；相反地，當我們失業時，連買包衛生紙也會貨比三家，這是一般人的生活經驗，由此可知收入是影響消費者需求變動的原因之一，收入的多寡明顯地關係到購買力的大小。從收入與需求變化的關係中，可以將各類商品依此區分為正常財、劣等財。

正常財與劣等財

當收入增加，對某項物品的需求量也增加，這種物品就是正常財。例如，原來沒錢買電腦，現在有錢可以買了；或以前的一台舊電視機，因收入增加可以換新或多買一台。這都是典型正常財的特性，日常生活中的衣服、食品……多屬於這一類。

相反地，隨收入增加，對某項物品的需求量反而減少，這種物品就是劣等財。例如：在收入增加後，人們少吃夜市的路邊攤轉而選擇高級餐館用餐。此時路邊攤的食物對人們而言就算劣等財。但須注意的是，經濟學上的正常財與劣等財並非絕對，而是相對而言，並且根據每一個人的所得變化不同而有差異。例如機車對一般家庭而言屬正常財；但對擁有賓士轎車的富有家庭來說，機車就可能是劣等財了。

需求法則的反例──奢侈品與季芬財

我們知道當價格上漲使需求量下跌、或價格下跌使需求量增加的需求法則。但有沒有可能當價格上漲需求量也增加的例子呢？有的。例如：LV、PRADA 這些名牌精品在高價的背後代表的是權力地位的象徵，當這些物品的價格愈高，愈能炫耀身分地位，因此需求量會愈大。這種商品就稱之為「奢侈品」。要注意的是，奢侈品較可能發生在個人行為上，在市場上是較少發生的。

「季芬財」同樣違反了一般的需求法則，其價格和需求量是呈同方向的變動，即商品價格下跌，需求量會隨之下降；商品價格上漲，需求量會隨之增加。但現實生活中屬於季芬財的例子並不常見，通常在消費者的所得水準較低且該物品占消費者的總支出比例大時，季芬財才可能會出現。比方說，某個低所得國家的人們通常以麵包為主食，平常購買不起肉類等較高級的食品，而將大部分的收入花費在麵包上，有剩下的預算才買肉類，但是當麵粉價格大漲時，使得麵包價格上揚，低收入者更沒有足夠的錢買肉類，在沒有其他選擇下，只好仍然多買一些麵包，此時麵包就成了季芬財，是劣等財的一種。這種消費情形最早是由十九世紀的英國經濟學家季芬所發現，所以我們又把這種財貨稱為「季芬財」。

收入增加與需求的關係

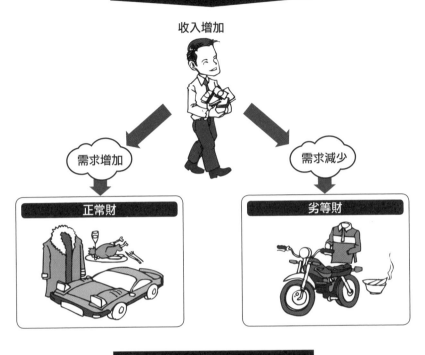

收入增加

需求增加

需求減少

正常財

劣等財

價格上漲與需求的關係

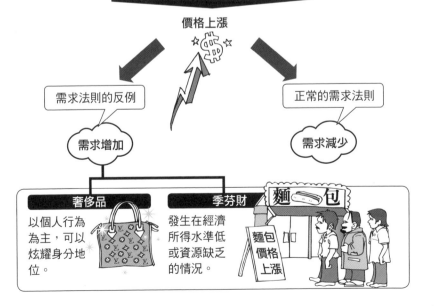

價格上漲

需求法則的反例

正常的需求法則

需求增加

需求減少

奢侈品

以個人行為為主，可以炫耀身分地位。

季芬財

發生在經濟所得水準低或資源缺乏的情況。

價格如何影響需求？

一般人在消費時都會有預算考量，例如：需要買一件身體清潔用品，是要花100元買沐浴乳，還是要花80元買香皂呢？在需求法則的基本概念下，我們再來看看價格變化對商品的需求有什麼影響？

替代效果與所得效果

除了由一般消費者對市場價格的直覺反應來觀察，也可以從「替代效果」與「所得效果」解釋需求法則成立的原因。例如，在實質所得不變下，稻米價格下跌，其他物價不變，稻米相對地比其他雜糧如小麥、玉米來得便宜，因此消費者會多買稻米來替代小麥、玉米，這就是所謂的「替代效果」，因而使得稻米的購買數量（需求量）增加了。當稻米價格下跌，雖然消費者的實質所得沒有改變，但商品價格的下跌讓消費者提高了實質購買力而感覺較有能力「買得起」，換一個角度來看，因而使得需求量增加，這就是「所得效果」。替代效果與所得效果兩者綜合在一起，造成了價格與需求量之間的反向變動關係。

生活中我們很容易找到這類例子，假設放假計畫要到高雄玩一玩，從台北到高雄可以依個人偏好選擇坐火車或搭飛機，當在其他條件假設不變下，如果飛機票漲價了，原先選擇搭飛機的人就會有一部分的人改變初衷改搭火車。連鎖大賣場以削價刺激買氣更是如此。

消費上的替代品與互補品

每次聽到新聞報導颱風來襲，菜價就會上漲，依我們精打細算的直覺，消費者自然會減少對蔬菜的購買，轉而購買其他食物替代，例如豬肉。所以如果一種產品價格上升（例如：蔬菜），會引起另一種產品需求的增加（例如：豬肉）。在經濟學上，稱兩者互為消費上的「替代品」。

但也有一種產品價格上升會引起另一種產品需求下降的情況，這種在使用價值上相互補充的產品稱之為「互補品」，典型的案例就是汽車和汽油。當汽油價格上漲，民眾減少開車甚至買車的意願，即使有錢買車的人也會望之卻步。因為轎車進入家庭的主要障礙已經不是車價本身，而轉到了車價之外，除了汽油之外，可能還包括了保險、維修、停車費、保養費……等，因為與汽車相關的費用過高，使得消費者對汽車的需求下降，這就是消費上的互補品的特色。

Tips

區分消費上的替代品與互補品

消費上的替代品，是指一種產品價格上升會使另一種產品需求增加；消費上的互補品，則是一種產品價格上升引起另一種產品需求的下降。

價格與需求的關係

一公斤 **10** 元
蘋果價格下跌

蘋果需求量增加

一公斤 **100** 元
蘋果價格上漲

蘋果需求量減少

替代品與互補品

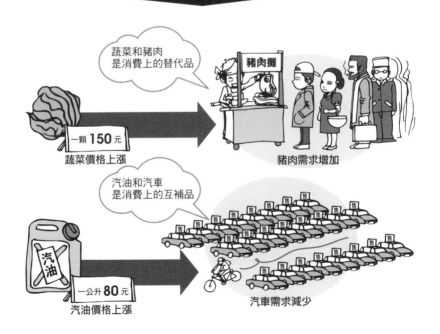

蔬菜和豬肉
是消費上的替代品

豬肉攤

一顆 **150** 元
蔬菜價格上漲

豬肉需求增加

汽油和汽車
是消費上的互補品

汽油

一公升 **80** 元
汽油價格上漲

汽車需求減少

均衡價格如何形成？

價格是在市場競爭的過程下自動形成的，當需求量與供給量相等時就會決定出該商品的市場價格，這個價格既是消費者願意且能夠支付的價格，同時也是廠商願意提供的價格，稱之為「均衡價格」。由於這時需求量與供給量相等，所以稱為「均衡數量」。

市場均衡價格由誰決定？

當需求量等於供給量，這種情況稱之為「市場均衡」。此時買賣雙方各得其所，兩股力量互相平衡，都沒有再改變的誘因，就是經濟學上「均衡」的狀態。但市場是如何達到所謂的均衡呢？可由以下演唱會門票為例。

唱片公司邀請世界知名的女歌手—瑪丹娜來台辦演唱會，主辦廠商如果將票價訂得愈高，並找更大的場地或增加演出的場次，以容納更多入場觀眾的總人數，就可以獲取更多的門票收入。因此對主辦廠商而言，會希望票價愈高，總觀眾人數（供給量）也愈多，價格與供給量呈現正向變動的關係。另一方面，以歌迷對門票的需求而言，票價如果愈低當然購買的意願（需求量）就會提高，價格與需求量呈現反向變動的關係。但是歌迷要求的票價過低，廠商會因不敷成本而不願意舉辦演唱會；相對地，如果廠商票價訂得過高，大多數的歌迷會不願意購買，廠商的收入反而有限，因此，歌迷為了滿足看演唱會的需求，廠商也為了吸引多數歌迷來買票，在需求及供給之間必須找出一個

雙方都能接受的價格與數量，因而形成了演唱會門票的均衡價格。（這裡假設均衡價格是3,000元）。

不均衡如何調整到均衡？

如果演唱會票價比均衡價格更貴或更便宜，結果會如何呢？假設票價降為2,000元，此時因為價格偏低，消費者需求的數量遠超過廠商提供的數量，形成供不應求的現象，因而造成價格上漲。這時沒買到票的人為了要目睹偶像一眼，不得不花高於2,000元的價錢去買黃牛票。直到消費者因價格提高使需求量逐漸減少，或者廠商為了滿足原先買不到票的觀眾而增加門票供給量，使得最後仍會趨向均衡價格。

反之，當票價訂為5,000元的高價，會使表演場地出現大量空位造成價格下滑，由於供過於求，廠商不得不降價求售，或以打折、贈送紀念品的方式來吸引人潮，避免「存貨累積」。消費者也因為感覺門票變便宜了而增加需求量，藉由如此調整使供需間的差額逐步縮小，趨向最後的均衡價格。

Tips

供需兩方同時存在才能決定均衡價格

十九世紀英國劍橋大學經濟學教授馬歇爾，對供需決定均衡價格理論用了一個相當貼切的比喻：單用剪刀的上半部分不能剪紙，單用剪刀的下半部分也不能剪紙，唯有剪刀上下兩刃合用才能剪紙。所以供給和需求有任一方不存在時，均衡價格也不會出現。

價格由供需調節

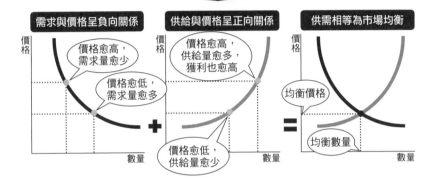

需求與價格呈負向關係

價格

價格愈高，需求量愈少

價格愈低，需求量愈多

數量

+

供給與價格呈正向關係

價格

價格愈高，供給量愈多，獲利也愈高

價格愈低，供給量愈少

數量

=

供需相等為市場均衡

價格

均衡價格

均衡數量

數量

演唱會門票三種供需情形

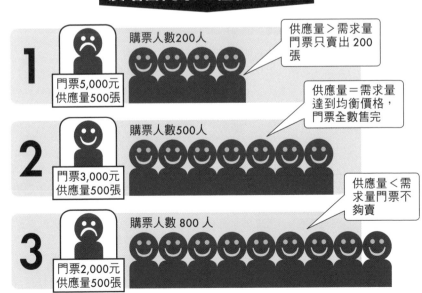

1
門票5,000元
供應量500張

購票人數200人

供應量＞需求量
門票只賣出200張

2
門票3,000元
供應量500張

購票人數500人

供應量＝需求量
達到均衡價格，門票全數售完

3
門票2,000元
供應量500張

購票人數 800 人

供應量＜需求量門票不夠賣

供需變動對均衡價格的影響

市場上的供給量和需求量並非一成不變,例如:旅遊旺季時,機票需求量大,票價也較貴;但到了淡季,機票需求量變少,價價也變便宜了。這是因為供給需求因素的變動會影響均衡價格的變動。

需求變動對均衡價格的影響

由於供需雙方共同決定了均衡價格,因此供需因素的改變會影響均衡價格隨之變動。除了產品本身的價格會影響需求量變動以外,還有哪些非價格影響的因素也會改變需求量?這些價格以外的因素變動時,稱為需求的變動。由前面所提到的所得效果及替代效果可知,「消費者的所得」及「替代物的價格」變動時會影響需求量。另外,「消費者偏好」包含習俗、廣告等也會改變需求量,例如在哈日、哈韓風的興起下,消費者會因為對日、韓各項商品的偏好而提高購買意願,即在單一商品價格不變下,市場上對日、韓商品的需求量大增,在整體需求大於供給的狀況下就會造成均衡價格上揚。而人們「對未來的預期」包含對未來價格及未來所得的預期也會對均衡價格產生影響。例如一般人做投資決策時,當某家上市公司發布產業利多消息,很多人預期未來一週該檔股票會上漲而選擇在目前股價下進場買入,使得市場對該檔股票的需求增加,同時也因預期將獲利,需求量可能隨價格上揚而提升。由此,我們可以歸納出:需求增加的結果會使均衡價格與均衡數量同時增加;反之,需求減少也會使均衡價格與均衡數量同時減少。

供給變動對均衡價格的影響

除了需求因素的改變會影響均衡價格外,供給因素的改變也會影響均衡價格。這些不是因為產品本身價格而影響供給量變動的因素,就稱為供給的變動。與廠商最直接關係的是「生產成本」。例如原物料或其他生產要素的價格上漲,使得廠商的生產成本提高、供給量減少,如果要維持同樣的生產數量,廠商會要求比較高的售價,假設市場需求仍然不變,則均衡價格會上漲。但「生產技術的提升」可以降低生產成本、增加供給量,因此在市場需求沒有改變之下,均衡價格會下跌。例如:電子科技技術的日新月異,使電腦生產成本下降,市場供給量增加,在供過於求的情況下,使得均衡價格下跌。此外,當消費者「預期」產品價格會上升,因而搶購造成缺貨的現象;廠商也會基於「囤積居奇」的心理,想在未來價格上漲時大賺一筆,而刻意減少目前的供給量。由此可知,供給增加時,會使均衡價格下跌、均衡數量增加;反之,供給減少則會使均衡價格上漲、均衡數量減少。

供需同時變動的影響

如果需求與供給同時變動,會使均衡價格與數量如何改變呢?像是東

南亞地區爆發禽流感，大量的雞鴨遭到撲殺，市場的供應量大減，消費者也不敢嘗試吃雞鴨肉。在雞鴨肉的供需同時減少之下，供需的均衡數量一定會下降，然而卻不一定會使得價格下跌。造成雞鴨肉價格下跌的原因，只有當消費者需求下降的幅度大於供給下滑的幅度才有可能，例如消費者直接轉而購買豬肉做為雞鴨肉的替代品，使得對雞鴨肉的需求大幅下滑，雞鴨肉因而滯銷且市場上的價格暴跌。因此供需同時變動下，得視需求與供給哪一個變動的幅度較大，變動較大的因素就會對均衡價格產生直接的影響。這種經由供需雙方互動的結果，會使市場發揮資源最佳配置的經濟效率，就稱為「市場機能」或「價格機能」。

供需變動對均衡價格的影響

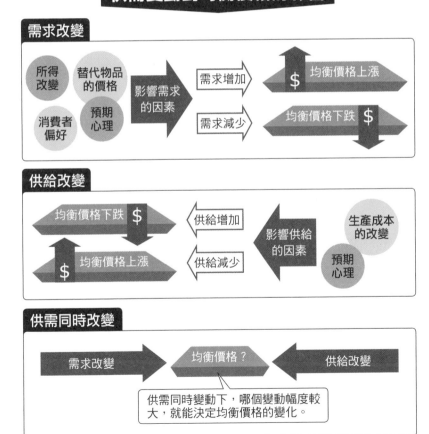

需求改變

所得改變　替代物品的價格　消費者偏好　預期心理　→　影響需求的因素

需求增加　→　均衡價格上漲

需求減少　→　均衡價格下跌

供給改變

均衡價格下跌 $ ← 供給增加

$ 均衡價格上漲 ← 供給減少

影響供給的因素 ← 生產成本的改變　預期心理

供需同時改變

需求改變 → 均衡價格？ ← 供給改變

供需同時變動下，哪個變動幅度較大，就能決定均衡價格的變化。

對價格變動的敏感性──彈性分析

百貨公司週年慶時都會祭出折扣戰以刺激買氣，我們也會因商品價格下跌而願意趁此多添購一些，因而使需求量增加，但是會增加多少呢？這就是「彈性分析」所要解決的問題。

需求彈性分析

需求彈性主要是衡量當價格變動引起需求量改變的程度。例如：當價格變動1%，使需求量變動2%，則需求彈性就是2。需求彈性的大小和替代品的多寡、該消費品占支出的比例及時間長短有關。當某樣物品的替代品愈多，則需求彈性愈大。例如：小白菜價格上漲，消費者可以選購高麗菜、空心菜等某一特定菜類來替代小白菜；若是指整體蔬菜價格上揚，蔬菜的替代品就可能為肉類、魚類等。因為小白菜的替代品較多，其取代的程度愈大，需求彈性就愈大。

當消費某項商品占所得支出比例愈高，需求彈性也愈大。例如：名牌牛仔褲的價格遠高於路邊攤的牛仔褲，當兩者都打七折時，即使名牌牛仔褲降價後的價格仍比路邊攤的高，但消費者會因為有賺到的感覺而提高購買意願。相反地，如果該商品占支出的比例很低，消費者便不太在乎其價格，購買意願不會受到該商品的價格變動而有大幅地改變。此外，調整價格後所歷經的時間愈長，需求彈性愈大。因為消費者面對價格變動時，短期內生活習慣不易改變，但長期則有充分調整的期間，因此需求彈性會變大。

我們常聽見的「薄利多銷」是指希望透過降低售價，來增加銷售量進而提高獲利。前提是消費者必須要對該項物品富有需求彈性，有替代的可能性，才有可能達到「多銷」的效果。如果是針對缺乏彈性的物品，就無法利用薄利多銷的策略來達到獲利的目標，反而必須提高售價以增加利潤。

供給彈性分析

同樣地，供給彈性是指當價格變動引起供給量變動的程度。影響供給彈性大小的因素有：

1. 投入生產的資源愈具有多種生產用途，供給彈性愈大。
2. 隨產量變動所引起成本的變動愈低，供給彈性愈大。
3. 長期供給彈性大於短期供給彈性。

以二○○三年爆發的SARS疫情使口罩的需求量大增為例。因SARS突然發生，使得口罩在市場上出現供不應求的情形，供應商需緊急向生產商下訂單，廠商必須臨時加班趕工生產及調整產能，再加上必須在短期內交貨的限制，都使得生產成本提高、供給彈性變小。這些供給面因素造成價格上漲，原本進貨成本為50元的N95口罩，廠商可以在價格飆到200元時售出以賺進豐厚的利潤。

需求彈性大的效果

同價不同款的
毛衣各有所好

其中一款毛衣
降價促銷

消費者對毛衣富有彈
性，才能薄利多銷。

該款毛衣的
購買量增加

5 折

供給彈性小對價格的影響

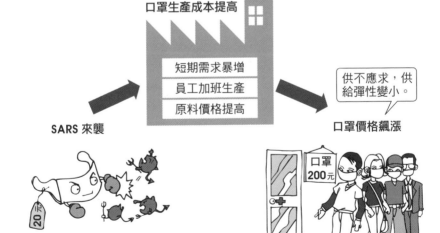

口罩生產成本提高

短期需求暴增
員工加班生產
原料價格提高

供不應求，供
給彈性變小。

SARS 來襲

口罩價格飆漲

20元

口罩
200元

如何達到最大滿足—效用分析

經濟學家以「效用」來表達個人在消費時所產生的滿足感。消費者行為最主要的目標便是追求最大的滿足，也就是最大效用。我們可以用效用分析來表達消費者在不同的偏好、能力限制下，如何做出理性的選擇行為。

什麼是效用？

如果你有100元，你會怎麼花？每個人花錢的方式可能不同，但同樣都會將這100元發揮到最能滿足自己欲望的程度。追求效用極大化是經濟學中認定消費者決策行為的基礎。「效用」指得是用來衡量消費者在某特定期間內消費時所獲得滿足的程度。追求最大效用的目的雖然相同，但追求的內容卻因人而異。效用與消費者的主觀觀念、個人偏好、習性有關。例如音樂界流行一股嘻哈風，跳街舞、唱饒舌歌對於青少年而言很快樂也很滿足，可說是效用很大；但對於習慣聽民歌的人而言，會覺得饒舌歌太吵，了無生趣，效用可能就非常小了。

邊際效用遞減法則

在我們要表達效用大小程度之前，必須先了解什麼是「總效用」與「邊際效用」，總效用是指消費某項商品所帶來的總滿足程度，邊際效用則是指對該項商品每增加一次的消費量，所多增加出來的效用。例如：現在很多餐廳流行推出「吃到飽」，有一天小雄肚子餓了，進入了一家吃到飽的歐式自助餐廳消費，當他吃了第一塊披薩時覺得相當滿足，但還沒有飽足感而想再吃一塊，接著吃第二塊

的滿足感更高，於是又再吃了第三塊，最後發覺吃到第五塊時，想再繼續吃下去的欲望愈來愈低了。

由這個例子可以知道，當我們對一物品消費數量愈多，總滿足程度（總效用）應該愈大，因此小雄吃第二塊披薩的總滿足感可能超過第一個，但是吃第一塊披薩時，是肚子最餓的時候，因此邊際效用最高，再吃第二塊披薩時感覺還不錯，但不會比吃第一塊時的感覺更好，接下來每多吃一塊披薩的滿足程度會比之前再少一些，邊際效用也就愈來愈低，當肚子已經很撐的時候再吃下去，就會感覺痛苦，此時邊際效用就是負的，在經濟學上就稱此為「邊際效用遞減」法則，也就是說消費者消費一物的邊際效用終究會隨著消費量的增加而產生遞減的現象。人對特定物品的欲望就像肚子的容量有一定的限度，但通常我們都會先滿足效用比較高的，所以小雄會先選愛吃的披薩，而不是米飯。在肚子餓時，吃下的第一塊披薩或第一碗飯都是滿足程度最高的。'

邊際效用高者為優先

以效用的觀點來看，商品價值的大小取決於它給消費者所帶來的效用大小而定。因為有邊際效用遞減的現象，為使消費者達到最大滿足，都會

以邊際效用高者為優先。例如夏季用電量吃緊時，政府的限電措施會先限工業用電，之後才會減少民眾用電。但在平時不限電的時期，民眾多開幾台冷氣也無妨。顯示出，當物品數量缺少時，盡量以邊際效用高的方法優先，數量一旦增多了，邊際效用低的方法也可以顧全。

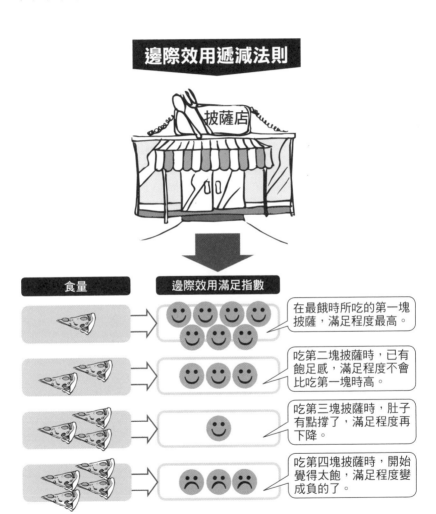

邊際效用遞減法則

披薩店

食量		邊際效用滿足指數	
🍕	→	😊😊😊😊 😊😊😊	在最餓時所吃的第一塊披薩，滿足程度最高。
🍕🍕	→	😊😊😊	吃第二塊披薩時，已有飽足感，滿足程度不會比吃第一塊時高。
🍕🍕🍕	→	😊	吃第三塊披薩時，肚子有點撐了，滿足程度再下降。
🍕🍕🍕🍕	→	😞😞😞	吃第四塊披薩時，開始覺得太飽，滿足程度變成負的了。

工作與休閒時間的取捨

假設所有勞動者最主要的收入來源皆為薪資所得，而薪資的獲得則來自於雇主的僱用，我們稱這群提供勞動而獲得相對薪資報酬的人為「勞動供給」。在一天的時間內，工作與休閒的分配愈來愈受現代人重視，經濟學告訴我們勞動供給與休閒之間有什麼樣的特性。

時間成本

　　一天是二十四小時固定不變的，每個人對於一天時間的分配不一，我們常聽說忙碌的企業經理人拚命於事業，每天平均花十五小時在工作上，不得不犧牲自己的休閒時間。在每個人的時間管理上也常出現這樣的兩難，例如：當一心嚮往的百老匯歌舞劇團終於來台演出，毫不吝惜地花了5,000元買了一張上好位置的票，結果演出當天竟然有重要的會議或公事得加班完成，因而錯過了看表演的機會。

　　時間是一種隱形的成本，可用經濟學中所謂的「機會成本」來解釋，它最基本的概念是，當人們選擇某一樣事物時，所放棄其他事物的最高價值。例如：選擇加班而放棄去看百老匯歌舞劇，或許賺到了更多的加班費，卻沒什麼時間去享受其他東西的好處。因為勞動的機會成本，就是工作者的時間成本，時間是最稀有的資源之一，如何在工作與休閒之間找到平衡點，也是我們面臨的抉擇與取捨。所以想想：如果我們在烈日當空下排隊兩小時去換得百貨公司限量的免費贈品，它真的算「免費」嗎？所耗費的時間就代表我們犧牲做其他事情的時間成本。

後彎的勞動供給曲線

　　在社會福利先進的國家，隨著人民收入的增加，人們挪出更多的時間用於休閒成為一種普遍的現象。像是在歐洲的上班族每到夏季，會請一、二個月的休假去旅行。即使休閒時間增加、工作時間減少，卻不影響每個人的工作生產力，為什麼呢？事實上，現代人已逐漸體會到適當的休閒比金錢更來得重要。在經濟學中也已透露出勞動與休閒關係的現象。正常情況下，工資與勞動時間之間所刻劃的勞動供給曲線呈現同向變動關係，也就是說，在工資到達某一時點之前，隨著工資提高，勞動者願意增加勞動時間，以增加收入；但當工資上升到某一點以後，勞動者反而開始縮減勞動時間，以增加休閒時間。這時勞動供給曲線出現反轉的情形，就叫做「後彎的勞動供給曲線」。

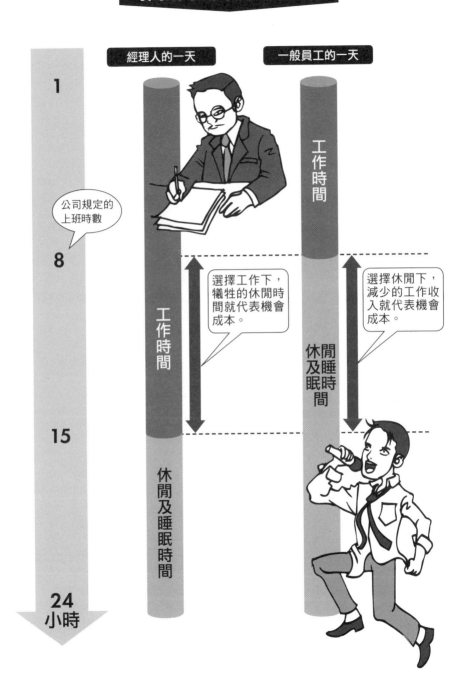

時間成本的不同應用方式

經理人的一天

一般員工的一天

1

8

15

24
小時

公司規定的
上班時數

選擇工作下，
犧牲的休閒時
間就代表機會
成本。

選擇休閒下，
減少的工作收
入就代表機會
成本。

工作時間

工作時間

休閒及睡眠時間

休閒及睡眠時間

工作時間

27

Chapter

02

生產理論與
市場結構

在經濟社會中，除了有需求者（消費者）的存在外，另一個重要角色就是生產者（廠商）。一般廠商的決策可以分成兩個部分：一是決定投入生產要素的多寡以獲得多少產量及生產成本的問題；另一個則是對產品市場的決策，包含產品訂價及生產數量的問題。由於企業經營的最終目的是追求最大利潤，因此在考量各種生產與訂價決策時，還必須衡量不同的市場結構，例如：完全競爭市場、獨占與寡占市場等所造成的影響。

什麼是生產成本？

廠商經營一個企業，為了達到利潤極大，必須支付一些花費來維持營運，例如：建造廠房、採購機器及原料、僱用員工等種種支出，都可視為廠商的「生產成本」。如何做好成本效益分析，使投入到產出的整個流程可以讓成本最小、利潤最大，是每個企業經營者最關心的問題。

固定成本與變動成本

了解生產者行為的第一步就是要明白各種成本的定義。首先我們最常用到的概念就是「固定成本」與「變動成本」。固定成本是指不會因產出數量變動而改變的成本。變動成本則是指會因產出數量變動而改變的成本。以經營一家咖啡廳為例，店面的租金、咖啡機、店內裝潢設備等付出的成本，不會因一天賣多少咖啡而有所改變，因此可歸納為固定成本，也就是開一家店所必須付出的投資。而因應預估來客數多寡所調整的人力、以及隨客戶數而有所變動的咖啡豆及其他食物材料，這些就可歸納為變動成本。一家店所付出的總成本即是固定成本與變動成本的總和。

短期成本與長期成本

在生產過程中，廠商必須投入的人力、物力等各項資源，也就是生產要素。做生產決策時，如果廠商愈有充裕的時間考量，可選擇用來投入的生產要素的彈性就愈大。因此根據選擇性的多寡，生產決策和生產成本可分為短期與長期兩種。至於何謂短期和長期之分，則視廠商能夠調整生產要素的期間而定，並沒有絕對的時間標準。例如，某電子科技廠商接獲國際大廠的訂單而必須增加量產，但更新機器設備、擴充廠房這些屬於固定成本的生產資源，在短期間內來不及做調整，因此廠商能選擇的可能只有增加人手，以加快運轉速度，如此所產生的成本就稱為「短期成本」。相對地，若有較長的期間進行擴充產能的準備，廠商在諸多生產要素中可以選擇的投入項目就比較多元並且可以因應情況而變動，例如：以增加人力的方式達成、或是添購機械設備、增加資本支出、擴廠……等，如此所產生的成本便稱為「長期成本」。

Tips

什麼是生產要素？

生產要素是指在生產活動中必須投入的各項資源，包括：執行工作所需的人力也就是勞動；取得機器設備與廠房所要付出的資本；生產所需的用地或礦產等土地資源；以及企業經營者的才能……等。

生產成本的內容

經營一家咖啡廳

不會隨產量變動的成本

會隨產量變動而變動的成本

固定成本

店面

咖啡機

租金

變動成本

咖啡杯

咖啡豆原料

店員

生意日益興隆

短期成本

即使生意好，短時間內也來不及立即擴大店面或添購新機器，因此可選擇的因應做法有限。

長期成本

長期有足夠的時間調整，隨著生意愈好，餐具、食材原料、店員可增加或更新，可選擇的因應做法多元。

被捨棄的潛在機會─機會成本

對廠商而言，生產過程的機會成本指的是將一物用於某特定用途時，因此而放棄其他用途所代表的最高價值。但事實上，機會成本的概念並非只侷限在生產或金錢的範疇，我們也可以用個人「選擇」了某一機會時所放棄的其他機會去定義成本，由於每個人選擇時的價值判斷不同，因此機會成本的概念是主觀的。

機會成本的內容

機會成本與我們一般認知的生產成本有什麼不同？最主要在於機會成本包括了外顯成本與隱藏成本。外顯成本是廠商實際生產運作時所發生，並且必須支付的費用，例如：工資、租金、利息等，也就是在會計上認列的成本。隱藏成本則是指生產經營過程所放棄的其他東西，例如：經營者個人所投入的勞力、私有土地及資金等自己所擁有的資源。也就是說經營者放棄將這些私人資源用在其他用途上，例如將自有地出租以收取租金，但此時卻拿來做為營運用的廠房。由於經營者犧牲了其他用途的成本既沒有實際支出，因此也不會記在帳簿中，所以稱為隱藏成本。

機會成本如何影響利潤？

為什麼會特別強調機會成本呢？這和廠商衡量利潤最大的基準息息相關。總收益扣除機會成本（包括外顯成本與隱藏成本）所獲得的利潤稱為「超額利潤」或「經濟利潤」，等於會計利潤（總收益扣除外顯成本）減去隱藏成本。當廠商的會計利潤為正時，不表示廠商一定有賺錢，因為當經濟利潤等於零時，表示廠商帳面上所賺取的利潤等於隱藏成本，而只有會計利潤大於隱藏成本，才能真正顯示廠商的獲利有多少。因此在衡量廠商的利潤是否達到最大化時，必須從「經濟利潤」來判斷。只有當實際產生的利潤是大於機會成本時，廠商才有利可圖，表示此項投資值得投入。因此廠商繼續正常經營的基本條件為超額利潤大於或等於零，也就是總收益是大於或等於機會成本。

生活中的機會成本

事實上，機會成本的概念也可指個人為了得到某些東西或選擇做某樣事情而必須犧牲的最大價值。假設一位目前月薪約6萬元的中階主管，恰巧有兩個新工作的機會：一個是回到大學校園教書，月薪約8萬元；另一個是跳槽到另一家科技公司做業務主管，月薪約10萬元。若選擇後者的機會成本就是8萬元。總收益10萬元扣掉機會成本8萬元，「超額利潤」是2萬元，表示這項轉職計畫是值得採行。但我們知道能獲得最大效用的不只是實質金錢上的衡量，也包含心中滿足的程度。假如教書對這位中階主管而言，可以獲得較大的心理滿足，在成本和效益的兩相權衡之下，也許就會選擇去當老師。由此可以推知，不同的人選擇做同一件事，所考量的觀點不同，機會成本就會不同。

機會成本與收益的關係

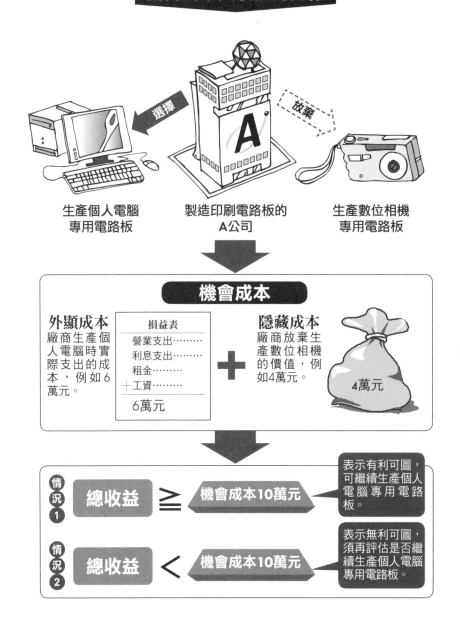

生產個人電腦
專用電路板

製造印刷電路板的
A公司

生產數位相機
專用電路板

選擇

放棄

機會成本

外顯成本
廠商生產個人電腦時實際支出的成本，例如6萬元。

損益表
營業支出………
利息支出………
租金………
＋工資………
6萬元

＋

隱藏成本
廠商放棄生產數位相機的價值，例如4萬元。

4萬元

情況❶　**總收益** ≧ **機會成本10萬元**

表示有利可圖，可繼續生產個人電腦專用電路板。

情況❷　**總收益** < **機會成本10萬元**

表示無利可圖，須再評估是否繼續生產個人電腦專用電路板。

數大就是美——規模經濟

「數大便是美」應用在廠商的生產規模上，指的是隨著生產規模的擴大，產量增加使平均單位成本下降的現象，稱之為規模經濟。規模經濟的現象在各行各業中常發生，因為藉由規模擴大，帶來的不僅是平均成本的下降，還有其他更多的效益。

什麼是規模經濟？

在各行各業中，生產規模愈大的廠商，愈可以透過大量生產的一貫作業方式，在價格方面占有一定的競爭優勢。像是國內的大型零售商家樂福所賣的可口可樂比便利商店的售價便宜一到二成，就是因為它的進貨量相當可觀，對供應商有議價的空間，進貨成本自然比其他競爭者便宜許多。像這樣隨著產量（數量）的增加，使平均單位成本下降的現象，就是我們常聽到的「規模經濟」。產生規模經濟的原因包括下列因素：**1.生產要素的專業與分工**：如培養專業的員工與分工合作使生產效率提高，降低生產成本。**2.設備的不可分割性**：許多設備的架設或採購是專門適用於大量生產，這些固定成本一旦投資下去後，隨產量增加可以大幅攤銷生產成本使平均成本下降。**3.大規模採購原料**：因為原料的採購量大，往往可以享有折扣優惠，降低平均成本。

什麼是範疇經濟？

規模經濟強調的是「規模大就是美」，重點在於產品的產量，使得長期平均單位成本下降。擁有規模經濟的企業具有長期的競爭優勢，因為隨著企業取得市場的領導地位後，可以再擴大產品線的廣度與多樣性，繼而發展出「範疇經濟」的效益。範疇經濟是指因為產品種類的增加，使長期平均成本下降的情形。像是現今金融控股公司的成立，使金融業吹起一陣併購風潮，因為併購是擴大營運版圖最直接也最有效率的方法。而為了提供多樣化服務的利基，金融產品也朝多元化與多樣化發展，強調跨售的行銷方式及「一次購足」的目標，藉由有效整合通路及內部管理績效，使經營成本降低，擴大市場占有率與競爭優勢。這一連串的效益正是讓規模經濟與範疇經濟所發揮的加乘效果。

Tips

規模經濟與範疇經濟有利於企業形成競爭優勢

企業可經由規模經濟與範疇經濟來提升效率，強化同業間的競爭能力、上下游廠商的議價能力，而對其他競爭者形成強大的進入障礙。

規模經濟與範疇經濟如何形成？

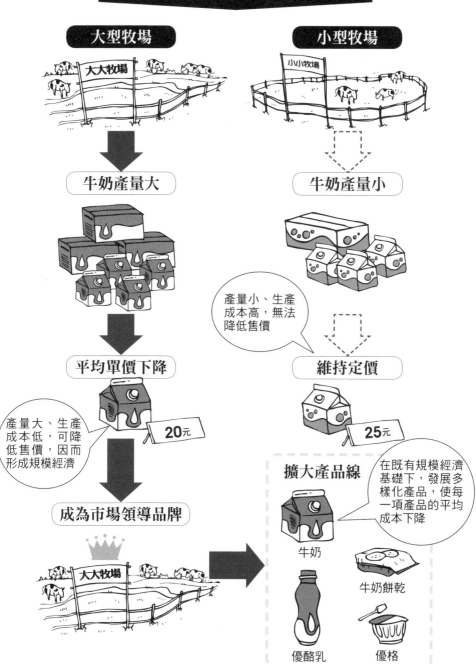

大型牧場

大大牧場

小型牧場

小小牧場

牛奶產量大

牛奶產量小

產量小、生產成本高，無法降低售價

平均單價下降

維持定價

產量大、生產成本低，可降低售價，因而形成規模經濟

20元

25元

成為市場領導品牌

大大牧場

擴大產品線

在既有規模經濟基礎下，發展多樣化產品，使每一項產品的平均成本下降

牛奶

牛奶餅乾

優酪乳

優格

完全競爭市場

廠商為了追求利潤極大的產量與價格策略，會因所處的市場結構不同而有所差異。個別廠商對產品價格的影響力取決於市場上有多少競爭者，例如在「完全競爭」市場中有眾多的競爭者，市場價格由整個市場供需關係所決定，一旦決定之後，廠商只能接受價格而不能改變價格。

什麼是完成競爭市場？

市場結構依競爭者的多寡，可分為完全競爭、壟斷性競爭、獨占和寡占等四種，不同的市場結構決定了個別廠商對市場產品價格的影響力，其中以完全競爭市場上個別廠商的價格影響力量最低。完全競爭市場的形成有以下基本特徵：1.**廠商數目很多。**多到每一個廠商都只能接受市場所決定的均衡價格，而無法個別影響市場價格。不論產量多少，每單位產品的收益對每一家廠商來說都是固定不變的。2.**生產「同質產品」。**也就是在消費者眼中，各家廠商生產的產品並無差異。3.**具有完全訊息（市場訊息完全開放）。**是指所有供需雙方都了解市場裡該產品的市場價格與產品品質。4.**市場裡的投入資源與產品可以自由流動。**不論是先來後到的競爭者都可以自由進出市場。稻米市場及生產電腦記憶體DRAM的市場可說是典型的完全競爭市場。前者，農夫幾乎沒有影響稻米價格的能力；而DRAM報價幾乎隨市場波動而變動，台灣的廠商完全沒有主宰價格的能力。長期發展之下，若面臨經營虧損，就會陸續有廠商退出市場。

完全競爭的短期均衡

既然無法影響價格，完全競爭廠商是如何追求利潤極大呢？我們可以區分短期和長期來看。在短期中，廠商的規模與數量均難以改變，由於完全競爭廠商無法影響市價，所以只能藉由調整產量來提高利潤。在評估產量時，當廠商多銷售一單位產品所增加的收入大於生產成本，才有利可圖，表示廠商為增加獲利，必須增加生產；相反的，若廠商每增加一單位銷售所增加的收入是小於生產成本，則會有虧損出現，表示此時廠商必須減產以縮小損失。在來回調整產量的過程中，只有當每增加一單位銷售所增加的收入等於所增加的成本時，表示廠商無法再藉由產量的變動來提高利潤，此時已達到最大利潤的狀態。但廠商利潤最大時卻不一定會帶來收益，因為總成本包括廠房、設備等固定成本，與工資、人力等變動成本，即便是最大利潤也可能會小於總成本。然而就算收益沒了，固定成本卻仍要負擔，只要繼續生產的虧損小於總固定成本，廠商很可能會苦撐繼續經營下去，反之，就得被迫歇業了。

完全競爭的長期均衡

而在長期中，廠商可以有彈性地調整經營規模、生產要素、改變經營方針……等，也可以自由進出市場。因此，只要有利可圖的產業，就會吸

引更多廠商加入，當無利可圖時，便有廠商退出，直到市場上供需相等、廠商既無超額利潤也無虧損的情形時，表示達到了完全競爭市場的長期均衡。換句話說，從長期來看，在完全競爭市場上廠商的利潤最大化就是超額利潤為零。

完全競爭市場的運作模式

許多農家生產同樣的稻米。

| 成本價1公斤35元 | 成本價1公斤65元 | 成本價1公斤40元 | 成本價1公斤30元 |

進入稻米市場

市場開放，任何廠商可以自由進出，因此競爭者眾，而且米市場的資訊公開。

在完全競爭市場上，個別廠商及消費者都無議價能力，只能接受市場價格。

同種商品皆為均一售價
1公斤45元

購買

無利可圖

有利可圖

退出市場

進入市場

成本價1公斤42元

不完全競爭市場

相對於完全競爭市場，獨占是市場結構的另一個極端，一種產品僅單一廠商生產；寡占則是僅有少數廠商生產，形成彼此互相牽制；而壟斷性競爭的市場有許多的參與者，各自生產異質產品。在日常生活中，可以看到這幾種類型廠商的存在，廠商彼此之間具有價格的影響力，因此歸類為「不完全競爭市場」。

獨占市場的特色

　　台灣自來水公司、台電的經營型態是「僅此一家」，整個市場上只有一家廠商提供這樣的產品或服務，且該產品沒有類似的替代品存在，即使該廠商的生產規模沒有很大，還是可以自由地調價，決定市場價格，這種就是獨占。為什麼某些廠商可以「一家獨大」？原因是廠商在市場上形成進入障礙，使其他競爭者無法進入這塊市場。所謂進入障礙包含了下列幾種：**1.法律的限制**：例如智慧財產權或專利權的保護。**2.政府的管制**：一般常見的水、電等公用事業皆為國營，而未開放民間經營。**3.擁有特殊要素的資源**：例如中東國家擁有石油資源，南非有豐富的礦產等。**4.聯合壟斷（卡特爾組織）**：即少數廠商聯合壟斷市場，成為一個形同獨占的組織，足以決定整個產業的產量和價格。以上四種都是人為的力量所造成的進入障礙，因此也稱為「人為獨占」。

　　另外還有一項原因為「自然獨占」，廠商藉由降價策略，擴大市場占有率，使長期平均成本下降，進而排除其他廠商的存在，而取得一家獨占的地位，也稱做「技術獨占」。這比較容易發生在具規模經濟的企業，例如：自來水公司、電信局及有線電視系統等產業皆容易形成自然獨占。

寡占市場的特色

　　寡占廠商一樣具有控制價格的能力，在市場上因為廠商數目少，一家廠商的行動都會影響到其他家廠商的利益。因此，廠商間彼此互相牽制、互相猜測對方行動及反應是寡占廠商最大的特色。例如國內油品市場開放民營以來，中油、台塑彼此為了提高市場占有率而展開的油價競爭不斷；在台灣大哥大、遠傳等相繼搶食中華電信在通訊電信這塊大餅後，電信市場也進入了競爭激烈的戰國時代。寡占的第二項特色是所生產的產品可能為同質或異質，異質是指產品之間存有差異性，也許是產品品質或消費者主觀認為的差異。例如：可口可樂公

Tips

法律對獨占市場的規範

許多國家都以法律明文禁止廠商間的聯合壟斷行為。在美國有「反托拉斯法」，台灣則有類似的「公平交易法」。

三種不完全競爭市場的關係

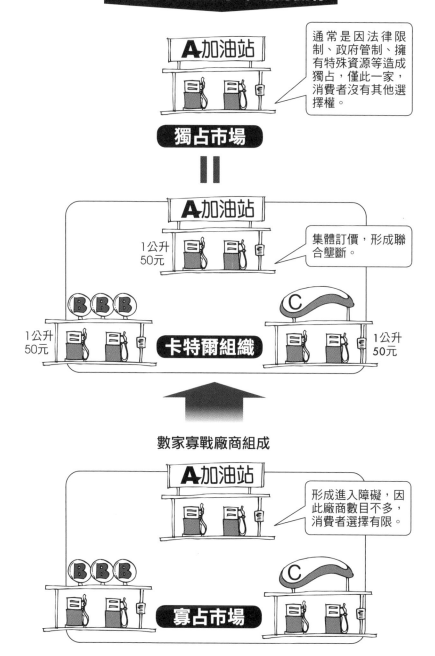

通常是因法律限制、政府管制、擁有特殊資源等造成獨占，僅此一家，消費者沒有其他選擇權。

獨占市場

=

1公升50元

集體訂價，形成聯合壟斷。

1公升50元

卡特爾組織

1公升50元

數家寡戰廠商組成

形成進入障礙，因此廠商數目不多，消費者選擇有限。

寡占市場

司除了熟知的可樂飲料外，雪碧與芬達也是它的產品；雖然這些飲料都是由同一家廠商所生產，但消費者對包裝及品牌認知有所差異，這就是異質產品。

寡占市場另一項特色是與獨占市場一樣存有進入障礙，可將新廠商排除在外，使得某個領域只存在幾家廠商。進入障礙的種類包括在獨占市場中已提及的：規模經濟、專利、特權許可、掌握特殊生產資源……等，產品的差異化也是一項重要因素。以汽車業為例，A牌廠商標榜車子鋼板厚、安全性高；B牌廠商強調車子省油、內裝漂亮；C牌廠商則以品牌為號召，建立顧客對車子的忠誠度……等，因而在消費者心中形成了產品的差異性，而當消費者認為某一品牌的產品與其他類似產品的差異愈大時，其他廠商想要加入這個市場就愈困難，便形成了一種進入障礙。

壟斷性競爭市場的特色

在壟斷性競爭市場中，參與的廠商很多，廠商可以自由地進出市場，這些條件都與完全競爭市場相同，其中最大的不同在於壟斷性競爭市場上的產品彼此間存在著異質性，並以其異質性形成壟斷的現象。因為異質而使個別廠商或多或少有決定產品價格的能力，消費者也認為各家產品各有特色，而願意付出較高的價格來獲得更多樣的產品。日常生活中這樣的情形屢見不鮮，例如：同樣是賣臭豆腐的三家小吃店，A家的老闆炸的臭豆腐最酥脆、B家搭配的泡菜最好吃、C家的臭豆腐最便宜，雖然都是賣一樣的產品，但在消費者心中會認為這三家小吃店各有特色，即使三家店所賣的價格各有不同，依然會有各自的顧客群捧場。

除了產品異質性之外，造成壟斷性競爭還有一項原因：地緣關係。例如：兩家販賣同樣商品的超級市場，其中一家位於商業區，另一家則在住宅區附近，因為所處位置的差異，售價可能有所不同。但對消費者而言，兩家超市間的距離太遠，無法就近比價，因此方便性就成了主要考量；即使貴一點，在考量交通及時間成本下，也寧願到離自己較近的超市買東西。

Tips
典型的卡特爾組織─OPEC

為避免彼此互相競爭造成兩敗俱傷的局面，寡占廠商也會有互相勾結的行為，組成所謂的卡特爾組織來壟斷市場。最著名的就是「石油輸出國家組織」（OPEC）。由於OPEC生產的石油占全世界四成的產量，只要OPEC會員國宣布共同減產，全球石油供給就會明顯下滑，進而使油價上漲。

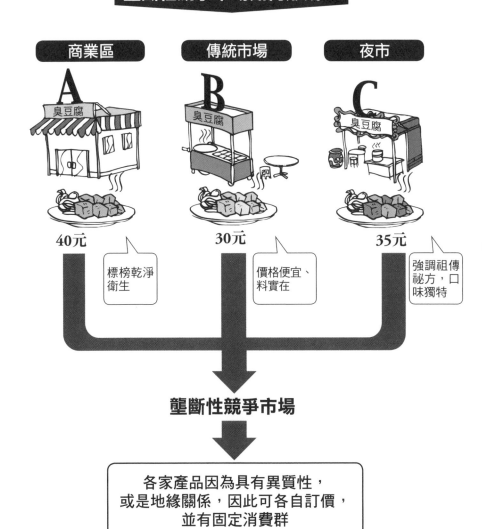

壟斷性競爭市場如何形成？

商業區

A
臭豆腐

40元

標榜乾淨衛生

傳統市場

B
臭豆腐

30元

價格便宜、料實在

夜市

C
臭豆腐

35元

強調祖傳祕方，口味獨特

壟斷性競爭市場

各家產品因為具有異質性，
或是地緣關係，因此可各自訂價，
並有固定消費群

獨占與寡占廠商的訂價行為

了解了不完全競爭市場─獨占與寡占廠商的形成與特色後，它們各自是採取什麼樣的訂價策略而使獲利達到最大呢？和完全競爭廠商有何不同？

獨占廠商的訂價策略

在完全競爭市場中是一物一價，即同類的產品都被賦予相同的價格。但獨占市場因進入障礙的限制，例如：專利、規模經濟、政府保護……等，使得市場上僅有一家廠商存在，某種產品的供給只由一家廠商完成，這家廠商所面對的需求也是整個市場的需求。當廠商想使銷售量增加，可以透過降價達成；反之，想提高售價，就必須減少產量。因此獨占的廠商擁有可以改變市場價格的能力，藉由漲價或降價來改變銷售量。

獨占廠商為追求利潤極大，必須決定最合適的產量與訂價，使得消費者對產品需求量增加的幅度超過廠商調降產品價格的幅度，如此一來當銷售量增加時，才會確保廠商的總收益增加；反之，若是價格下跌的幅度超過需求量增加的幅度，當價格下降時，雖然銷售量增加，但總收益卻因價格過低而沒有提升，廠商就不可能有最大利潤。

以生產威而鋼的美國輝瑞藥廠（Pfizer）為例，因受到專利權的保護而享有獨占的地位。加上市場對此藍色小藥丸的需求大，廠商可以增加產量使總收益提高。但在調整產量後的短期之內，廠商不一定能馬上獲利，必須取決於調整後的總收入是否大於總變動成本。但在長期而言，因為存在進入障礙，只要廠商一家獨大的局面能維持，就可享有超額利潤。

寡占廠商的訂價策略

在寡占市場中是由少數幾家廠商供給產品，廠商同樣具有訂價的能力，只是廠商間彼此競爭，採取強烈對抗手段，使得寡占廠商的訂價行為變得非常複雜。一家廠商在做任何決策行為的改變時，都得預先考慮其他廠商可能產生的反應。假設速食業市場上只有三家速食店，其中速食店A和速食店B是最大的競爭者，雙方為了要在速食業中占得最大的市場占有率，不惜削價競爭紛紛推出優惠套餐方案，如果速食店A先降價推出89元套餐，速食店B不久也會隨之降價和其對抗。這場降價競爭會持續到某一方從市場退出為止，或者雙方都無力接受虧損時而停止價格戰爭，也可能最後雙方達成某種協議，使價格逐漸恢復到原來的水準。

獨占廠商的訂價行為

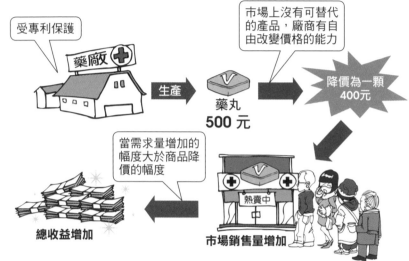

受專利保護

藥廠

生產

藥丸
500 元

市場上沒有可替代的產品，廠商有自由改變價格的能力

降價為一顆
400元

當需求量增加的幅度大於商品降價的幅度

熱賣中

總收益增加

市場銷售量增加

寡占廠商的削價競爭

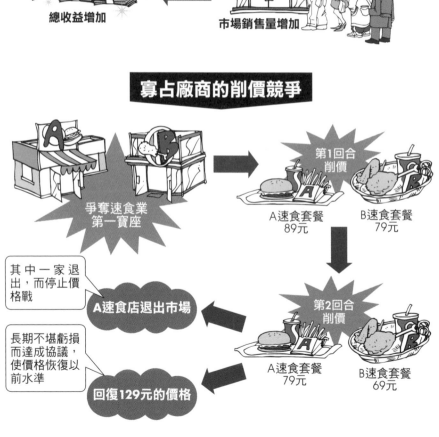

爭奪速食業
第一寶座

第1回合
削價

A速食套餐
89元

B速食套餐
79元

其中一家退出，而停止價格戰

A速食店退出市場

第2回合
削價

A速食套餐
79元

B速食套餐
69元

長期不堪虧損而達成協議，使價格恢復以前水準

回復129元的價格

差別訂價

廠商針對不同的顧客採取差別訂價的目的在於對不同的消費者大小通吃，進而獲取更高的利潤。要採取差別訂價的策略，先決條件是廠商要具有訂價的能力，由此可知，差別訂價適用於不完全競爭市場。

差別訂價如何產生？

差別訂價指的是相同的商品以不同的價格提供到不同市場或不同顧客。採取差別訂價的前提是商品的生產成本相同，而像是搬家公司採回程半價策略、一般批發價格低於零售價格的現象都不能算是差別訂價，因為此種價格差異是因生產成本不同所引起的。另外，實行差別訂價的先決條件為廠商具有訂價能力。因此在不完全競爭市場下的獨占及寡占廠商，才能採取差別訂價的策略。那麼，為什麼廠商不用單一訂價而要採取差別訂價呢？不外乎是為了提高利潤。常見的差別訂價方法依不同客戶及不同階段做區分，以下將配合例子說明。

不同顧客群的差別訂價

環顧四周，會發現到處都有差別訂價的影子。電影院、遊樂區將票區分為成人票、兒童票及學生票；同一商品在網路訂購與現場購買的價格不同；航空公司商務艙與經濟艙的機票票價不同……，這些都是將同樣商品用不同價格賣給不同客戶的典型例子，各家做法如出一轍，無非就是為了追求企業本身的最大獲利。對某項商品需求彈性愈大的客戶，對價格變動的敏度性較高，廠商訂價愈低愈可以銷售更多的數量；反之，需求彈性愈小的客戶，對價格變動的敏感度較低，廠商可索取愈高的價格來增加收益。以電影院售票為例，區分為全票及較便宜的學生票，由於一般學生的收入較低，若是票價上漲，就會少看幾場，也就是需求彈性較大；而一般觀眾的收入比學生高，因此票價的上漲或調降對看電影的次數影響不如學生的變動程度大，也就是需求彈性較學生小，因此，電影院可針對不同顧客分別賣出全票及學生票。當可以清楚地分隔市場、區分不同的顧客群時，差別訂價的策略絕對可以將利潤提高。

不過須注意的是，廠商必須確定所出售的低價格商品或服務不能轉售，例如：成人不得持兒童票進場。否則以較低價格購入的消費者可以轉售必須付出高價格的客戶，而產生套利行為，這就失去差別訂價的意義了。

不同階段的差別訂價

除了針對不同顧客群的差別訂價外，另一種方式是依不同階段的差別訂價。在日常消費時，我們會看到下列招攬客戶的方式：衣服一件399元，買三件算1,000元；咖啡一杯150元，續杯半價等。這種將同樣商品對同一消費者因消費單位的不同而採取

對不同顧客的差別訂價

差別訂價必須具備的市場條件：1. 廠商具訂價能力 2. 廠商有方法可以區分不同顧客群 3. 不會發生轉售的套利行為。

TODAY

同樣一部電影，廠商可以需求彈性大小，收取不同價格，以提高利潤。

學生族群的收入較低，廠商提供優惠票價以吸引學生顧客上門。

學生票260　全票280

一般有收入的成年人，願意支付較學生票高的價格看電影。

電影院嚴格把關，避免不符合低價資格的觀眾混入戲院或轉售圖利。

未持學生證就不得購買學生票進場

不同訂價的方式，就稱為「階段訂價法」。乍看之下，階段訂價法是以購買數量多寡來訂定價格高低，當購買量低於某一數量時，單價較高，若超過此一數量後，每一單位的價格才比較低。我們可以說這種策略是向購買量較少的顧客，收取較高的價格，而最終的目的是希望刺激消費者的購買量，進而提高利潤。

但是否階段訂得愈多，利潤可以愈大呢？其實未必。當階段訂得太多，客戶付款及廠商標價記帳相對會變得太複雜，所引起的額外成本大於額外收入時，反而會得不償失。因此，從現實中觀察的階段訂價情形，通常以分為二到三階段是較適當的。

完全價格歧視

當商品的訂價完全是按照消費者的需求價格（即消費者所願意購買的最高價格）來銷售時，稱為「完全價格歧視」或稱為「第一級差別取價」。在此訂價策略下，廠商賣給消費者的商品價格會等於消費者願意支付的最高金額，廠商也不會因為消費者多買而給予任何折扣。

以阿德想買一台隨身聽為例，他的最高預算為5,000元（阿德的需求價格），但實際購買時，他想買的隨身聽只要4,000元（實際售價），最後阿德付了4,000元買到隨身聽，因為市價比預期價格低，讓他有多賺1,000元的感覺。這種產生了需求價格與實際支付價格的差別，在經濟學上稱之為「消費者剩餘」，此是在交易行為下所產生的消費者福利。但在完全價格歧視之下，廠商會以消費者所願意支付的最高價格來訂價，例如阿德必須付5,000元才買得到隨身聽，使得消費者剩餘完全被廠商剝削。

要形成完全價格歧視的先決條件，通常是消費者對於該產品的市場行情無法取得完整訊息，像是買古董。這類商品往往無客觀的市價，隨個人的愛好不同而喊價，賣主自然可以按照買家心中所願意購買的最高價格來出售。

不同階段的差別訂價

一杯咖啡 150 元 → 咖啡續杯半價

因消費不同單位而採取不同訂價

消費者剩餘 VS. 完全價格歧視

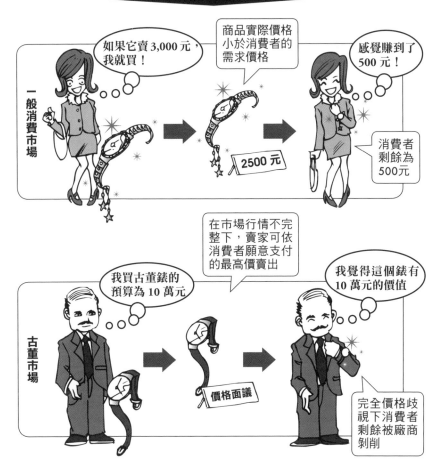

一般消費市場

如果它賣 3,000 元，我就買！

商品實際價格小於消費者的需求價格

2500 元

感覺賺到了 500 元！

消費者剩餘為 500元

古董市場

我買古董錶的預算為 10 萬元

在市場行情不完整下，賣家可依消費者願意支付的最高價賣出

價格面議

我覺得這個錶有 10 萬元的價值

完全價格歧視下消費者剩餘被廠商剝削

賽局理論—囚犯困境

在現實中參加的任何比賽或商場上的競爭，每一個人的決策會受到比賽或競爭中其他人的影響。經濟學中所謂的「賽局」，指的是一種策略思考，以猜測他人的行為做為判斷的決策依據。而「賽局理論」提供了一個有系統的模型，讓我們了解和競爭對手相互影響的關係及學習如何下決策。

賽局理論的基本要素

在電影《美麗境界》（A Beautiful Mind）中，描述諾貝爾經濟獎得主約翰・納許（John Nash）的生平，他以著名的「賽局理論」獲得此項殊榮。所謂的賽局，指的是一種策略思考，以猜測他人的行為做為判斷的決策依據。在這理論的模型中，有三個必須成立的基本要素：1. 要有遊戲主角。2. 存在不同的策略。3. 每個策略有不同的報酬。

賽局類型有許多不同的區分方式，以策略的數目可分為有限賽局與無限賽局，當相互競爭的策略為有限組合時，稱為有限賽局；反之，當賽局的策略為無限多種組合時，稱為無限賽局。而依報酬區分為零和遊戲與非零和遊戲。所謂零和遊戲是指在一場賽局中，一方報酬為正另一方報酬為負，但正負相抵，此賽局的總和永遠為零，也就是有一方為贏家時，必有一方為輸家。相對地，非零和遊戲當中，雙方的報酬也是一正一負，但兩者總和不為零，也就是說沒有絕對的輸贏之分。

如何造成囚犯困境？

「囚犯困境」是在賽局理論中一個典型的遊戲狀態，指的是雙方參與者在互相猜測對方行為下，最後雙方皆會選擇不合作的結局，而導致對自己不利。到底「囚犯困境」是如何造成呢？假設兩個囚犯因為涉嫌謀殺而遭到警方逮捕，為了避免兩人互通訊息，形成串供，特別隔離偵訊。警方為了使他們能夠承認犯罪，承諾如果其中一人願意出賣另一人供出真相，則能獲得減刑的機會，承認者只須坐牢兩年，不承認的人則得服獄十年。如果兩人都不招，將會被警方起訴各判五年徒刑；如果兩人都招，則會因謀殺罪坐牢八年。兩名囚犯心理各自盤算而最後會做出什麼選擇呢？看起來，如果兩人都不承認是對雙方最有利的選擇，但問題是他們不會這樣做，囚犯甲會想如果乙不認罪自己承認，比起兩人都不認罪都被判五年，自己只會被判兩年（乙關十年）；相反的，如果乙認罪，甲也要認罪，因為如果甲不承認的話就會被判十年，多於雙方都認罪的八年徒刑。因此對囚犯甲而言，無論對方承不承認，他最好跟警方坦承。然而因囚犯乙也具有相同的誘因去做如此的思考，結果是兩人最後都招了，雙雙被判了八年的徒刑，反而使雙方都處於不利的情形。

Tips
賽局理論的發明靈感

據說約翰‧納許發明「賽局理論」的靈感來自於參加一個聚會時,發現聚會中最漂亮的女生反而落單,沒人邀舞,因為大部分的人認為漂亮女生不易追上,故轉而追求其他女生。很有趣的現象,你認為呢?

囚犯兩難的困境

如果有人願意自首,只要判2年刑,另一個不合作的人就要被判10年

警察

囚犯困境即非零和遊戲

囚犯的抉擇
雙方互相猜測對方的行為,但每個人會選擇對自己最有利的行為。

無論如何,坦白都會關比較少年

最後雙方會選擇不合作,造成彼此都不利的結果

群體最有利結果

群體最不利結果

各判刑5年

各判刑8年

賽局理論下的價格戰爭

我們了解「囚犯兩難」的有趣現象，事實上這樣的模型與現實中其他策略的考量具有相似的地方，雖然決策的過程合乎理性的行為，但都是以自利為出發點，我們將以一般訂價策略為例來說明，並接著了解其他衍生的賽局策略的應用。

面臨兩難的訂價策略

在囚犯困境的基本架構下，每個人會猜測他人行為以做為判斷的依據。在意圖追求勝算下，每個人各懷鬼胎，各出奇招，綜合的結果卻往往出人意表。尤其在寡占市場上，廠商會採取聯合壟斷的方式，彼此協議限量或限價，形成獨占組織以全面掌控市場。雖然互相合作之下，大家似乎都能各得其利，但廠商會在獨自取得最大利潤、與維持合作而共同獲利的兩難間擺盪，因而出現囚犯困境的情況。例如有四家以製造電腦為主的廠商，彼此合作組成卡特爾組織，同意以「高價格」來供給產品，且每一家廠商也必須同意維持一個生產限額，使得大家都能平均獲利。如果有一家廠商為追求利潤極大化而違反了限額的規定，私自增加產量想多賣一點，因而破壞了合作協議及大家一起獲利的目的。此舉必然引起遵守規定廠商的不滿，於是藉由降低產品價格一段時間做為處罰，以消滅破壞規則廠商的短期獲利。結果就跟囚犯困境預測的是一模一樣，由於對彼此不夠信賴，使得卡特爾組織立即瓦解，反而是沒有一家公司獲利。

以牙還牙的訂價策略

兩家航空公司相互制定訂價策略，A航空公司認為只要票價降低，就可以順利搶攻到一半的市場；於是採低價格來做促銷。但沒想到B航空公司聽聞此消息，也決定跟進採取降價，A航空公司不認輸，為了順利搶奪市場不惜再次降價，對方依然追逐A公司的腳步，在雙方你來我往間展開一場拚低價的戰爭。在這場競價遊戲中，兩家公司在第一回合各自擬定價格策略，之後若有一家公司採取和對手在前一回合一樣的行動，就是以牙還牙的策略。由於不確定這場你來我往的價格戰何時會結束，假設已經知道這是最後一回合的競價，因為雙方都不可能再度降價以搶奪市場，兩家公司必會在此時的價格戰中去欺騙對方。不過為了保留自己在最後一回合競價的實力，所以他們可能在倒數第二回合就先欺騙對方。

若我們持續進行以牙還牙的訂價策略，雙方必然會因不敷成本，不再跟隨對手價格而各自訂價，也就是反覆到這個遊戲的第一回合。由此可知以牙還牙不是理性的決策，這樣的結果形成和囚犯困境一樣的結論：沒有一方會獲得最有利的局面。因此，當預期商場上的競爭策略是重複無限次時，我們可以歸納出合作或許是對雙方都有利的的結果。

Tips

策略的先後順序

在囚犯困境的模型中，策略無先後關係，是屬於一次賽局，但在以牙還牙的策略中，是有順序的遊戲，會有領導者與追隨者的區別。

以牙還牙的價格競爭

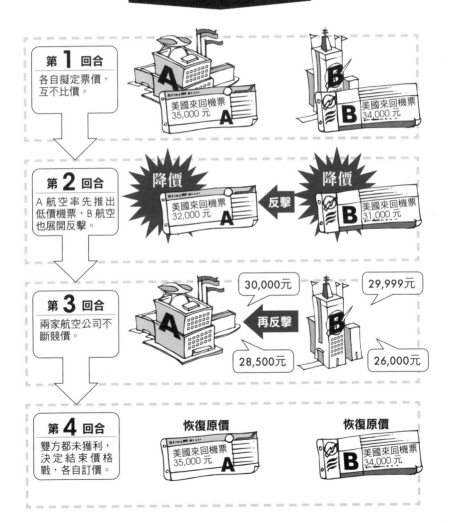

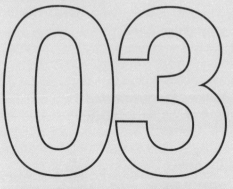

Chapter

03

市場失靈及
經濟效率

　　在自由經濟制度之下，市場機能的充分發揮能夠達
到最高的經濟效率。但在現實社會中，存在著諸多的限
制，自由經濟市場並不如理想中的圓滿，市場機能也有
所侷限，例如資訊不對稱及反向選擇的問題，使得經濟
效率的目標不如預期，就稱為「市場失靈」。

市場失靈

在自由經濟制度之下，市場機能的充分發揮能夠達到最高的經濟效率。但若不能如預期充分發揮、有效達成的話，就會造成市場失靈，出現像是削價競爭、聯合壟斷等價格機能被破壞的現象。形成市場失靈的主要成因包括：資訊不對稱、自然獨占、外部性或公共財等因素。

經濟效率與市場失靈

在自由經濟體制下，產品的需求者與供給者在市場上進行交易，居中進行協調的就是「價格」。價格在市場充分發揮調節供需的作用，直到消費者與生產者各得其所，達到全面均衡的理想狀態，即最高的經濟效率，也就是所謂的「柏拉圖最適境界」（Pareto optimality）。一個完全競爭市場的結果可以達到如此的境界，但不完全競爭的結果卻會造成經濟效率的損失，形成市場失靈。

造成市場失靈的原因

在現實的經濟生活裡，市場機能雖然隨時都在發揮作用，但由於市場機能能否充分運作存在著諸多限制，所以實際上往往未能達到如預期般的理想狀態，這些種種的限制正是引起市場失靈的主要原因。造成市場失靈的主要原因有下列四項：第一項為買賣雙方所掌握的商品訊息差異量

很大，也就是「資訊不對稱」。這種資訊不透明的情形會妨礙市場交易，甚至有可能沒有任何交易產生，即使有交易，也會傷害某一方的利益。第二項為「自然獨占」，主要是源自於產業特性及政府的管制與特許。因為獨占，價格機能無法充分發揮作用，完全競爭的效率也就無法維持。針對這種現象最常見的管理方式就是讓政府自行經營這些容易形成自然獨占的產業，也就是所謂的公營事業，像是交通、郵政、自來水、電力等。第三項為「外部性」。外部性是指當一些人的消費或生產會影響到其他人，例如：上游養豬戶所排放的污水會影響下游住宅的環境衛生，但養豬戶不用負擔處理污水的成本，反而由下游居民來承受，因而限制了市場機能。最後一項為「公共財」。其生產並非為了追求利益最大化。由於財貨本身不具排他性，大家都可享用，像是：國防、橋樑、路燈等等。公共財的使用

Tips
什麼是無謂損失？

在完全競爭市場的型態中，由於價格機能可以充分發揮，因此不必以價格競爭去干擾市場交易的情形，使得資源達到最佳配置狀態，經濟效率最高。反之，在不完全競爭市場中，因為廠商有能力影響市場價格，使得價格機能喪失，一旦價格機能遭到破壞，就會使資源使用未達配置效率，廠商應得的淨利未得到，消費者也未因此享受到消費的福利，這樣的損失，經濟學上稱為「無謂損失」。

成本該如何分攤，一樣無法透過市場機能來解決。

市場失靈的代價

市場一旦失靈了，社會就必須承擔調整與競爭的成本。因為在競爭之下，企業會產生適者生存、優勝劣敗的情形，以及因應情勢轉變而必須做適度的調整，這整個過程對個人、及社會結構與資源分配都會造成影響。例如：勞動密集產業可能因產業萎縮，使廠房紛紛倒閉，社會裡失業轉職的人口因而增加；相反地，若能看準產業脈動而調整產業結構，整個社會可能就順著景氣發展而發達起來，這些都可視為整體社會因應企業競爭與調整所付出的成本。

Tips
實施公共政策的目的

政府所執行的公共政策，例如：勞健保福利、環保措施、就業方案等等，其實就是藉由公權力的實行來扮演市場自由經濟社會中仲裁者的角色。市場失靈也可透過政府的力量來求得某種程度的解決。

造成市場失靈的因素

① 資訊不對稱

交易的一方所擁有的資訊多於另一方，且提供不完整的資訊，妨礙交易進行或在交易時損及另一方的利益。

例中古車市場、買賣古董

② 自然獨占

源自產業特性及政府的管制與特許，產生市場上一家獨大的情形，使市場機能無法發揮作用。

例電力公司、自來水公司……等。

市場失靈

③ 外部性

是指當一些人的某種行為對當事人以外的其他人產生正面或負面的影響，而當事人因得不到完整的好處或不必負擔成本，因而造成市場機能失靈。

例工廠排放污水、吸二手煙

④ 公共財

是指大家可共享的商品或勞務，往往由公共部門提供，使用成本無法以市場機能解決。

例道路、燈塔、國防……等。

資訊不對稱

在缺乏充足的資訊之下，會使我們在需要做理性的決策判斷時出現偏差。在日常生活中，市場上的買賣雙方常存有「資訊不對稱」的現象，賣方往往比買方掌握了更多的資訊。由於資訊不對稱，使得人為的資訊扭曲與誤導因而對經濟行為產生影響。

認識資訊經濟學

二○○一年諾貝爾經濟學獎得主阿卡洛夫、史賓斯和史蒂格里茲，因研究「資訊不對稱」獲得此項殊榮，引起了經濟學領域中對資訊取得、資訊運用等問題的重視。資訊不對稱影響交易行為的例子在市場上比比皆是，例如：賣舊車的人比要買中古車的人更清楚車的品質、上市公司的經理比普通投資者更了解公司的實際經營情形。這種資訊不對稱會對市場的運作帶來很大的影響：當資訊不對稱的程度愈大，信用市場中發生逆向選擇、欺騙，或刻意隱瞞交易資訊等風險的可能性就愈大，市場的交易成本也就愈高，這不僅降低了經濟活動的效率，交易者也因此減損了利益。因此，資訊經濟關心的是在資訊不對稱的情形下，如何設計一套誘因制度使資訊較少的一方克服其劣勢，而誘使資訊較多的一方透露出其所擁有的資訊，讓因資訊不均所造成的誤導與風險降到最低。

資訊不對稱的影響

資訊不對稱會對經濟行為產生什麼影響呢？以中古車市場為例：在中古車市場中，買主對舊汽車的性能好壞並不清楚，但賣主卻是相當了解。中古車賣主的資訊優勢大過於買中古車的人，這種資訊不對稱的關係容易使買中古車的人遭受損失。因為在這樣的市場中，擁有較多資訊的人是比較有利的。這也是為什麼在汽車銷售市場中，新車交易總是占最大比例，人們喜好買新車更甚於中古車或租車的主要原因。因為對新車買主而言，將來在中古車市場上做為賣主將車子賣掉，遠比在資訊不充足下買進中古車更具優勢與誘因。

在中古車市場裡由於買主無法判斷出中古車真正的價值，只能依據中古車市場的平均行情出價購買，使得高於平均行情價格的好車乏人問津而被市場淘汰，最終，中古車市場只好都充斥著爛車。諾貝爾經濟學獎得主阿卡洛夫在「檸檬市場」（檸檬嘗起來令人齜牙咧嘴，比喻品質不好的商品）的報告中探討中古車市場裡的特色，就指出掌握資訊較少的買主多半只願意用折價購買中古車，好車的車主也因為在中古車市場賣不到好價錢而不願意在此出售，於是就形成了檸檬車（爛車）市場。當這種資訊不對稱的程度愈大時，中古車市場可能逐漸無利可圖而消失。

Tips

檸檬市場理論的應用廣泛

「檸檬市場」的論述簡單,卻有廣泛的影響力及應用範圍。舉凡醫療體系、教育問題、金融市場、就業市場等都存在類似的問題。例如:在就業市場中,當雇主面試兩位新人時,只能從外在條件如外貌、學經歷等等,做為篩選人才的標準,但這些條件不見得能代表求職者的工作能力高低,使得雇主在資訊不對稱之下,可能做出逆向選擇。

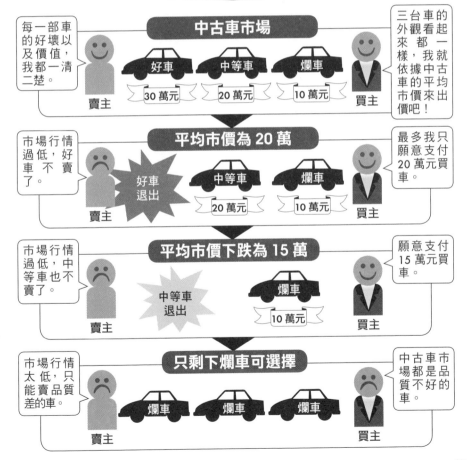

資訊不對稱對交易市場的影響

中古車市場

每一部車的好壞以及價值,我都一清二楚。

賣主

好車 30萬元　中等車 20萬元　爛車 10萬元

三台車的外觀看起來都一樣,我就依據中古車的平均市價來出價吧!

買主

平均市價為20萬

市場行情過低,好車不賣了。

好車退出

賣主

中等車 20萬元　爛車 10萬元

最多我只願意支付20萬元買車。

買主

平均市價下跌為15萬

市場行情過低,中等車也不賣了。

中等車退出

賣主

爛車 10萬元

願意支付15萬元買車。

買主

只剩下爛車可選擇

市場行情太低,只能賣品質差的車。

賣主

爛車　爛車　爛車

中古車市場都是品質不好的車。

買主

逆向選擇

在資訊不對稱之下會導致逆向選擇的情形發生，使得市場上出現劣幣驅除良幣的反淘汰結果，讓真正好的東西反而被淘汰，而剩下的都是較差的，這樣的現象充斥在社會中。

什麼是逆向選擇？

當買賣雙方可取得的資訊不均或失衡時，使得好壞無法區分，最後，品質較高的商品會逐漸退出，迫使資訊較少的一方只能做出不利的選擇，稱為「逆向選擇」。就如同先前討論的中古車市場，如果買主主觀認定中古車市場上以劣質車較多，出價就會偏低，那麼想賣出好價格的中古車車主無法如願賣出品質較好的車，最後乾脆不願意在中古車市場提供好車來賣，消費者因而沒有自由選擇好車與爛車的機會，只能以更低價在爛車中挑選，或是拒買中古車，而被迫做出逆向選擇。同樣的情況也發生在保險市場上，保險公司希望投保人的健康情形良好以降低理賠的機會，但保險公司在不了解投保人的健康程度下，必須精確計算出所有保戶醫療費用的平均成本，然後向保戶收取高於平均成本的保費以賺取中間的利潤。在這樣的收費標準下，保險公司會發現健康情況較佳的人會決定退保或不投保，而健康情況較差的人會加入投保。

造成逆向選擇的原因

資訊不對稱造成逆向選擇的情形多半是賣方自己造成的，賣方藉由提供「不真實」的資訊而增加自己利益，卻損害了買方的利益。再以保險市場為例，由於投保人很難掌握充足資訊，來對保險公司的經營狀況和發展前景做出正確的評價；同時，保險條款由保險公司單方面擬定，投保人只能被動地接受或拒絕格式化的保單；加上絕大部分的保單條款使用過多且難懂的專業詞彙，使得投保人看不懂合約條款，如此一來，保險公司就有可能利用其掌握資訊的優勢和專業知識，在合約條款、理賠和給付上做文章，損害投保人的利益。因此，投保人在資訊不充足的情況下做出逆向選擇，例如：隱藏自己的健康情形或健康的人選擇不投保。

如何避免造成逆向選擇？

由於資訊不對稱導致市場上的交易發生障礙，因此如何克服資訊不對稱的問題是很重要的。一般而言，有下列方法可以使用：**1.由賣方提出保證**：例如中古車的賣主必須讓買主相信他所銷售的車是好車，因此可以提供保固服務，在保固期間的維修及保養費用一律免費。**2.建立信譽**：如果業者銷售的中古車確實是好車，在消費者之間會逐漸形成良好的口碑，業者也會因此建立優良的信譽，使生意愈做愈好。**3.建立品牌**：通常我們都是在東西買了之後才知道產品或服務

的品質好不好，但企業如果在消費者心中已經建立良好的品牌形象，則這個品牌就成為替公司傳遞資訊的重要指標，有助於消費者對產品產生某種程度的信賴感。

逆向選擇與解決方法

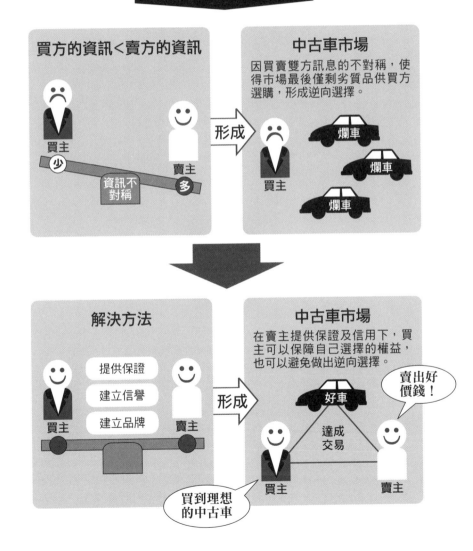

買方的資訊＜賣方的資訊

買主 少

資訊不對稱

賣主 多

形成

中古車市場

因買賣雙方訊息的不對稱，使得市場最後僅剩劣質品供買方選購，形成逆向選擇。

買主

爛車
爛車
爛車

解決方法

提供保證
建立信譽
建立品牌

買主

賣主

形成

中古車市場

在賣主提供保證及信用下，買主可以保障自己選擇的權益，也可以避免做出逆向選擇。

賣出好價錢！

好車

達成交易

買主

賣主

買到理想的中古車

企業的白吃者

當在市場機能失靈時，往往會出現坐享其成的白吃者，尤其在資訊不對稱時，這些人基於自利的行為，而去免費享有他人努力所獲得的特殊成就。為什麼會有「搭便車」的誘因，及如何預防這些白吃者的出現，是我們所要關心的。

不勞而獲的白吃者

在資訊不對稱的情形下，為什麼會出現白吃者？因為取得資訊必須付出時間和精力的成本，而企業的白吃者為了得到相同的利益卻不願意付出這些成本，因而選擇坐享其成。例如：商標與品牌是企業的智慧財產權，好的品牌可以減少消費者搜集資訊的成本。要形成良好品牌形象的過程中，企業必然投入了大量資金在建立品牌形象及控管產品品質，但一些不肖的廠商想不勞而獲，用低廉的成本做出仿冒品以謀取暴利，像是盜版光碟、名牌仿冒品……等，就是一種白吃者的行為。這些「搭便車」的人對該項產品的製程、行銷與服務的資訊並不完整，也不想獨自負擔龐大的生產管銷費用，而直接以仿冒商品進入市場，結果使市場上劣質品氾濫。儘管在某種程度上，消費者因而享有價格低廉、多種選擇的好處，但白吃者直接掠奪他人辛苦努力的成就，這對那些遭受信譽損失、產品收入的正版廠商而言是不公平的。

防止白吃者的對策

白吃者的存在會造成企業的損失，因此各企業無不絞盡腦汁來防範。例如，當推出新產品或產品本身成本較高時，消費者愈需要特殊的服務，此時，企業可以採取低價策略，先抓住消費者的認同感並防止白吃者的存在，等過了一段時間，產品的市場地位站穩了，再恢復原有的訂價策略。在高科技產業裡，為防止同業惡意挖角或研發人員蓄意透露商業機密給競爭對手，企業通常會有一項「競業條款」，用鉅額賠償做為懲罰來防止員工「帶槍投靠」競爭對手或自行創辦同性質的公司，以保護企業的競爭優勢；或者提供優惠的待遇，包含配股的福利，來避免自己培養的員工反而成了白吃者的幫手。另外，一般廠商最常採取的對策是，對於提供特殊服務的經銷商給予補助津貼，像是提供某高科技產品售後服務的特許經銷商，該高科技公司會給予補助津貼；或是過濾經銷商，盡可能選擇信譽良好的廠商；甚至將產品設計單一化，這些都是讓白吃者不易存在的方法。

企業白吃者的負面影響

正牌廠商	企業白吃者

努力研發、維持品牌形象　　　　　直接仿冒圖利

創意被竊取

正牌品的售價反映成本

出現品牌仿冒品

5 萬元　　　　　　1500 元

展示場上乏人問津　　　　　出售仿冒品賺取暴利

名牌皮包大特價！

1. 品牌形象受損
2. 產品收入減少

市場上充斥著劣質品

市場外部性

當個人或個別廠商的行為除了對自己產生影響外，也對其他人造成影響，就稱為「外部性」。如果是正面影響即為正的外部性，又稱為外部經濟或外部效益；如果是負面影響即為負的外部性，又稱為外部不經濟或外部成本。

正的外部性產生效益

在公園內種植許多美麗的花草，使四周環境香氣四溢，住在公園周圍的住戶不用花一毛錢即可獲得額外的享受；隨著捷運系統的逐步完工，不僅使交通更為便利，更帶動捷運周邊商圈的繁榮發展，進而使附近房地產交易熱絡，沿線房價紛紛上漲，建商或商店老闆因而享有額外的利益；這種具有畫龍點睛之效的事情，因個別行為對社會帶來正面的影響，使社會整體獲得的好處大於自己本身獲得的好處時，就是正的外部性，外部效益因此而產生。但外部效益的製造者，因為得不到全部的好處，所以不會主動提高產量使社會福利達到最大，不付費即可享受到的事當然不會有人願意出價購買，因此形成市場失靈。

負的外部性造成社會成本

外部性所帶來的負面影響即外部成本，例如，抽煙的人在吞雲吐霧的時候感到痛快，但對不抽煙的人來說，吸二手煙的痛苦成為負的外部性。現實生活中外部性最典型的負面影響就是環境污染，像是工廠排放廢水、廢氣、把工廠廢棄物倒在附近空地，或營建工程所製造的噪音、養殖業大量抽取地下水造成地層下陷……等，這些行為都造成了環境污染或生態破壞，但這些造成環境改變的成本並未由污染者負擔，反而由整體社會付出了龐大的成本來承受後果。由於做出污染行為的個人不需要負擔這些社會成本，在只考慮私人利益及成本之下，他們的行為會繼續下去，使得社會成本相對增加，對整體的社會福利產生不利的影響，而市場面對這種情況卻沒有解決的力量時，也會產生市場失靈。

外部性的彌補辦法

針對外部性的問題，需要一個仲裁者來解決個別行為對社會所造成的影響。對此政府扮演了一個重要的角色，能夠比市場更有效率地處理這些外部性的問題。解決的方式有以下三種：1.賦予財產權：如果可能，政府可對原為「共同財富」或「無主物」的東西賦予私人財產權，以避免資源的過度浪費或不足。但實際上，財產權的私有化會面臨是否公平分配及將來訴訟的問題，一般較少採行。2.課稅或補貼（外部效果內部化）：透過公權力的介入，對製造負的外部成本者進行課稅；但對產生正的外部效益者進行補貼，讓外部性的製造者自行負擔或享受，即稱為外部效果內部化。例如：向製造污染的廠商課取重稅、對美化公共綠地的企業進行補

貼。與其徹底禁止外部性的存在，以課稅或補貼的方式可能較容易管理。

3.由政府直接管制：也就是發揮政府的職能，明文立法規範或建立管制措施，來降低社會所須付出的成本。

外部性如何造成市場失靈？

正的外部性

個人基於私人利益而做的行為
例在自家庭院種植花草，美化居家環境。

⬇

對其他人產生正面影響，形成正的外部性
例經過的路人都可免費分享花的香氣及漂亮的景觀。

⬇

行為者考量所付出的成本及無法獨享利益而不願繼續增加產量
例不願意多種植花草以免付出成本高於得到的利益。

⬇

社會福利無法保證達到最大，形成市場失靈

負的外部性

個人基於私人利益而做的行為
例工廠排放廢氣，並將廢水排入河川中。

⬇

對其他人產生負面影響，形成負的外部性
例工廠製造的污染影響附近住戶的生活品質。

⬇

個人不用負擔社會成本，會繼續生產，使社會大眾持續受害
例工廠不用付出排放廢氣、污水的成本，仍持續生產使環境惡化。

⬇

造成社會成本增加，形成市場失靈

公共財

在不完全競爭市場的諸多限制之下，光靠市場的力量無法使社會變好，往往還得靠政府的力量來改善社會福利。政府的其中一項重要角色就是提供各式各樣的公共財。公共財具有什麼特性？政府的功能角色為何？是這節討論的重點。

公共財的特點

公共財是指由政府提供民間部門所不會生產的財貨。公共財有兩個顯著的特點：**1.共享**：公共財可以讓很多人共用而不會損及任何人的效用。例如：廣播訊號、燈塔、國防等，一旦這些設施完成並開始運作後，就算使用者達上千上萬人，也不會增加成本。像是公共電視，其營運成本不會因為收看的觀眾從40萬增加到45萬人而有所改變。**2.無法排他**：即無法拒絕讓未支付公共財費用的人使用。例如收聽無線電波收音機，任何人都不能獨占電波而不讓別人聽到廣播；或是禁止入港的船隻使用燈塔等。兼具這兩項特性的就是公共財。

世界最大的公共財應該是「知識」，因為知識可以大家共享，沒有國界的限制，大家都可以同享知識所產生的好處。但為何會造成市場失靈呢？公共財因為「無法排他」的特性而具外部效益，使得不付費的人也可以享有好處，此外，公共財的使用成本如何分擔也難以透過市場機能去解決。因此，社會上必會出現一些不願付費卻藉機享用公共財好處的白吃者，因而造成市場失靈。

政府的角色

由於實務上對市場經濟的發揮存在了許多限制，因此當某項商品或服務無法據為己有且是大家所需要的情況時，政府就該適時扮演仲裁者的角色使市場經濟能夠順利運作。政府透過各種方式來降低民間的交易成本，包括制度化的法律規範、興建各式各樣的基礎建設等，無非都是為了改善經濟運作的環境與制度，藉由公共政策以彌補市場機能的不足。

一般說來，政府會參與或干預市場經濟，主要目的有二：一是發揮經濟效率使經濟成長；二是維持經濟穩定並達到公平的基礎。經濟活動的最終目的都是希望政府的角色是助力而非阻力，讓市場經濟能自由運作而非受到政府干涉。但有人常說政府其實是一個非常龐大的獨占事業，掌握了部分經濟要素或稀有資源，使資源的分配遭到扭曲，但除非私人企業或民間單位有能力提供某種財貨或服務，否則交由政府來做也是有其必要性。

Tips

什麼是政府失靈？

一般而言，市場機能足以使經濟效率充分發揮，政府主要是建立一套有秩序的遊戲規則，只有發生特殊狀況使市場運作失靈時，才出面干預或直接生產，例如：自然獨占、外部性、公共財、資訊不對稱等。不過，相對於市場失靈，我們將政府干預所引發的不良影響及其能力的限制，稱為「政府失靈」。

公共財與政府的角色

燈塔照亮廣大群體，而不會增加任何成本

公共財

| 共享 | 任何人都能共同享用 |
| 無排他性 | 無法拒絕未付費的人使用 |

| 誰來興建公共財？ | 誰來收費？ |
| 建置費用哪裡來？ | 如何收費？ |

政府

具有公權力，有效分配公共財資源，並維持公共財的公平使用

仲裁者

| 提供服務 | 保障公共財使用的公平性及穩定性 |
| 收取成本 | 維護公共財的最適數量及服務品質 |

Chapter 04

衡量社會福祉的
指標──國民所得

　　「國民所得」是我們在財經新聞媒體中耳熟能詳的
名詞，而在聯合國的統計資料中，也以一國國民所得的
高低來區分已開發國家及開發中國家，「國民所得」可
說是衡量一國整體經濟表現的重要指標。國民所得計算
的方法以國內生產毛額（GDP）及國民生產毛額（GNP）
最常見，其中又以 GDP 最常做為衡量一國經濟成長情況
的指標。

學習重點

- 什麼是國民所得？
- GNP 和 GDP 有什麼不同？
- GDP 的數據有何意義？
- 消費、儲蓄與投資之間的循環關係
- 外國直接投資對一國經濟有何影響？
- 影響國外投資的因素有哪些？

國民所得的計算方法：GDP 與 GNP

國民所得代表一個國家國民的所得水準的高低，想要了解一國的經濟狀況，必須了解國民所得的計算方式及概念。常見的國民所得計算方法有國內生產毛額（GDP）及國民生產毛額（GNP）。

什麼是國民所得？

了解國民所得有兩個重要概念必須認識：**1. 國民所得代表的是流量**：流量指的是在一段期間內累積的數量或金額。國民所得的計算期間通常以每個月、每一季或每一年為單位，不論採用哪種期間計算，都必須區分本期與非本期的產出。例如計算第二季的國民所得，那麼前一季及後一季的產出價值就不能算在第二季內。**2. 所有產品附加價值的總和等於最終產品的價值**：國民所得與生產有關，所生產的產品包括實際的商品或提供的服務。由於大多數產品在上市之前，都必須經過一連串製造加工的過程，而在每一過程中廠商所生產產品的價值減去之前所購入中間產品（即還需要進一步加工、製造或轉售的產品，例如：原料、零件、水電等）的價值，得到的差額就稱為「附加價值」。例如：農夫以 10 元出售小麥給麵粉廠，麵粉廠將小麥加工成麵粉後，再以 15 元賣給麵包店，則麵粉廠的附加價值為 15 元減去 10 元後所剩下的 5 元；而麵包店利用 15 元的麵粉做成麵包，麵包售價 30 元，則麵包店的附加價值為 30 元減去 15 元後所得到的 15 元。若將以上小麥、麵粉和麵包的附加價值加總起來（10+5+15=30），正是最終生產產品——麵包的出售價值 30 元。因此，一國最終產品及勞務的價值，就等於在生產過程中每一階段所增加的附加價值的總和。

什麼是 GDP ？

GDP（國內生產毛額）指的是一段期間內在我國國內所生產的商品和服務的總市值，也就是將我們生產的商品和提供的服務的附加價值加總起來，就可以得到 GDP。當財經報導上指出某一國經濟成長率為 3.5%，其實指的就是 GDP 的成長率，它表示國內生產的商品和服務的總值比前一年增加了 3.5%。由於經濟成長率是衡量物價及勞務增加的速度，所以 GDP 的成長有助於推升經濟的成長，因此常做為衡量一國社會福祉的重要經濟指標。但要注意的是，GDP 的內容並不包括本國國民在國外工作的所得，但包括外國人在我國境內所獲得的所得。例如：可口可樂公司派駐台灣的美國員工，其在台灣賺的薪資就要列入我國的 GDP 中。因此，GDP 是以生產所在地的國境為界定範圍。

GDP 與 GNP

GDP
國內生產毛額

一國境內人民在某一段時間內所生產的最終商品與勞務的總市值。

國內總產值

外商公司在
台企業與員
工收入

台灣本島國民
及企業收入

外國人

本國人

GNP
國民生產毛額

一國國民在某一段時間內所生產的最終商品及勞務的總市值。

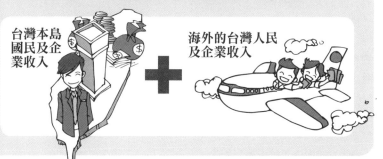

台灣本島
國民及企
業收入

海外的台灣人民
及企業收入

GDP 與 GNP 最主要的差別在於：GDP 是
以生產所在地的國境為界定範圍，而 GNP
是以生產者的國籍為界定範圍。

名目 GDP 與實質 GDP

當我們在比較各國 GDP 時，要關注的是「實質 GDP」，而非「名目 GDP」。直接以市場價格計算的 GDP 就稱為「名目 GDP」，由於市價會受到物價波動的影響，所以經過通貨膨脹調整後的 GDP 才能真正代表實際生活水準的指標，因此，以市場價格計算的名目 GDP 減去通貨膨脹率後，就稱為「實質 GDP」。假設某一年 GDP 成長 4%，而通貨膨脹也上升 4%，則在這一年中生產總值其實是沒增加的；就如同薪資增加 4%，如果物價也上漲同樣幅度，那麼實際購買力並沒有增加，即使收入金額高於過去，我們並不會因此而變富有。

另外一個必須關注的是「每人」GDP，即一國 GDP 除以人口數後所得的數字，代表國內平均每人所得。若一國的人口成長幅度大於 GDP 成長幅度，則國內平均每人所得會下降，即每人的實質生產力是下降的。例如一國某年的 GDP 成長率為 3%，而人口成長率為 5%，相較之下，人口成長的幅度大於 GDP 成長的幅度，因此每人 GDP 是下降的；也就是說，乍看之下整體經濟是成長的，但實際上每人的實質生產力卻是下降的。

什麼是 GNP ？

另一種統計國民所得的方法稱做「國民生產毛額」（GNP），是指在一段時間內（通常為一年內），一個國家的國民所生產的最終產品和勞務的總市值。值得注意的是，它包括本地居民在外國的產出價值，例如外交部派任的駐外人員，其薪資所得仍必須納入我國的 GNP 計算。國內生產毛額與國民生產毛額最大的差異在於計算標準的不同。由於生產所需的資金、勞力、原料……等生產要素會在國際間流動，當有外資投入本國、外籍勞工來本國工作等，這些要素會被計入 GDP 之中，但不會被計入 GNP 之中，因為 GDP 是以境內地區做為計算標準，GNP 卻是以國民為計算標準，因而使得 GDP 與 GNP 的數值有所出入。目前全球在衡量國民所得時，GDP 最被廣泛應用也最受到重視。原因在於國際貿易日漸頻繁，當生產要素在國際間流動的程度愈高，愈能留住資金、人才的國家就愈具競爭力、經濟發展愈蓬勃。因此在討論到經濟成長、產業發展甚至相關財經政策時，GDP 的重要性都遠超過 GNP。

Tips
衡量 GDP 與 GNP 的三種方式

我們可以從一個經濟體系的支出、收入與生產三方面來衡量這個經濟體系的國內生產毛額（GDP）與國民生產毛額（GNP）。支出面包含四個項目：消費、投資、政府支出及淨輸出（即出口值減進口值）。收入面則包括家庭和企業因工資、地租、利息及利潤而獲得的收入，這些收入再轉而流向消費、繳稅，有剩餘的則為儲蓄。最後一項生產則是指附加價值的加總。

哪一國的經濟成長率較高？

◆**名目 GDP**：以當期市場價格來計算最終產品的市值
◆**實質 GDP**：名目 GDP 考慮物價波動後所得到的數值

A 國家

◆名目 GDP 成長率 = 5%

◆物價上漲率 = 2%

◆人口成長率 = 2%

名目 GDP 成長率 = 5%
- 　　物價上漲率 = 2%

較高 **實質 GDP 成長率 = 3%**

實質 GDP 成長率 = 3%
- 　　人口成長率 = 2%

平均每人 GDP 成長率 = 1%

較高

B 國家

較高

◆名目 GDP 成長率 = 7%

◆物價上漲率 = 5%

◆人口成長率 = 3%

名目 GDP 成長率 = 7%
- 　　物價上漲率 = 5%

實質 GDP 成長率 = 2%

實質 GDP 成長率 = 2%
- 　　人口成長率 = 3%

平均每人 GDP 成長率 = -1%

A、B 兩國在考慮物價水準變動下的實質 GDP 都較名目 GDP 為低。

在人口成長率增加之下，B 兩國的每人實質生產力是下降的。

經濟成長率是衡量物價及勞務增加的速度，通常經濟成長率會根據實質 GDP 來判斷。因此以名目 GDP 成長率來看，雖然 B 國家比 A 國家高，但比較實質 GDP 成長率與平均每人 GDP 成長率後，A 國家的經濟成長率比 B 國家高。

GDP 可以衡量社會進步的全貌嗎？

一個國家的經濟競爭力愈強，社會就愈進步，國民所享的經濟福利也就愈高，從一國 GDP 的高低可以用來評估社會進步的程度、以及國民的生活品質。然而 GDP 並不能涵蓋社會所有的經濟活動，因此在觀察 GDP 高低與社會進步程度時，必須先了解 GDP 的限制有哪些。

未納入 GDP 的經濟活動

由於 GDP 和其他經濟指標一樣，在計算時有其侷限性，我們很難從數據當中去看出經濟活動的全貌，因此，一些學者認為 GDP 並不能衡量社會進步的全貌，因為有些非市場性的交易活動並未納入 GDP 的計算當中。例如：家庭主婦做家事這類無薪資的經濟活動；在路邊攤銷售商品的地下經濟活動，GDP 都未將其考慮在內。此外，GDP 也不會把環境破壞的損失算進去，如果我們為了做家具而把整座森林砍伐殆盡，製作家具的價值會反映在 GDP 上，但整座森林因而消失的損失卻不會納入。最後，計算每人 GDP 時也未將個人所得分配納入考量，因此無法反映出貧富之間的差距。

應排除在 GDP 之外的經濟活動

相對地，有一些生產性的活動未透過市場交易，應該排除在 GDP 之外，例如：社會安全給付、慈善捐款、保險給付、在餐廳或飯店給服務生的小費等，這些只是經濟部門間資金的移轉，統稱為移轉性支出。另外，對生產活動無貢獻、不能產生最終產品價值的交易活動也不應該計入 GDP 中。例如：二手貨市場的買賣也只是資產形式上的移轉，而且二手貨物的價值在第一次交易時就已計算在 GDP 內，不須重複計算。此外，證券次級市場（也就是投資人買賣手中持有股票的交易市場）的買賣交易，因為股票買賣只是股權上的移轉，這樣的交易與生產無關。然而，在證券次級市場的交易過程中付給證券經紀商的佣金，或是租用二手市場攤位的租金，則須包括在 GDP 內。

GDP 的限制

GDP 的計算內容既然無法涵蓋所有的市場活動，我們就不能光靠 GDP 來衡量經濟福利的大小，美其名只能說 GDP 反映了一國經濟活動的頻繁多寡而已。在應用 GDP 時也必須留意到：首先，GDP 必須考慮物價的變動，即實質 GDP 才能衡量社會福利是增加或減少。第二，必須考慮人口成長率，若 GDP 成長率小於人口成長率，此時 GDP 的增加並不可視為國民福利的增加，因為每人的 GDP 減少了，使得每個國民的福祉並未相對提高。第三，GDP 忽略了休閒的價值，若 GDP 的增加來自於延長工時所增加的產量，卻犧牲了休閒的時間，則整體福利並未增加。第四，GDP 未能去除外部成本，即環境污染及破壞的成本，使得 GDP

的高低無法反映生活品質的真實情形。第五，GDP無法估計地下經濟活動，社會上有許多未透過正當市場進行交易的經濟活動即稱為「地下經濟」。例如：攤販、走私毒品等，因資料難以掌握，無法計入GDP中，導致無法真實反映一國的福利水準。

GDP 的限制

物價變動因素
扣除物價指數後的實質GDP，才能真正衡量社會整體進步的程度。

人口成長率幅度
人口增加的幅度若大於GDP成長率，則每人的GDP是下降的。

破壞環境的損失
GDP未計算因發展經濟而破壞環境的損失，不能真實反映生活品質的情形。

GDP 不足以完全真實反映一國社會進步的程度

忽略休閒價值
犧牲休閒才換來的經濟效益，表示一國的生活品質並未相對增加。

地下經濟的影響
諸如擺地攤、走私等地下經濟活動的資料難以掌握，無法反映一國福利的現況。

無薪資的經濟活動
義工、家務工作等無給薪的經濟活動未能納入GDP計算。

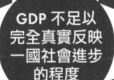

消費、儲蓄與投資的循環

個人或家庭的總消費來自於可以支配的所得有多少，當支出小於所得時就會出現閒置的資金，這些資金可用來儲蓄甚至投資而產生更多的閒置資金，形成一個周而復始的循環。消費、儲蓄與投資也是國民所得的項目之一。

如何決定消費的多寡？

消費者如何決定今天消費多少或者儲蓄多少？經濟學家提出了幾個重要的理論來說明消費與儲蓄的問題。首先是「相對消費理論」，認為消費者會受自己過去的消費習慣及一般人消費水準的影響來決定消費。第二是「恆常所得假說」，所謂的恆常所得是指由一個人的財富所能得到的「可靠所得」，像是個人提供勞務所獲得的薪資所得，或利用股票、不動產等有形資產及汽車、家具等消費耐久財所獲得的財富，來決定個人未來的消費行為。簡而言之，此假說認為消費者會從一生預期的收入、即長期所得來決定他的消費量。第三是「生命週期假說」，認為消費者心中對消費的安排是考慮他對人生過程的規劃。因為青年期與老年期的收入不同，而會試圖提高青年期的儲蓄率以維持一定的消費水準。

影響消費與儲蓄的其他因素

但從實際消費現象告訴我們，影響消費的因素除了所得之外，尚有其他比較重要的因素，例如：利率，當銀行提高存款利率時，會吸引人們減少消費以增加儲蓄。另外，物價水準及對未來物價的預期也是影響消費的原因之一，預期未來物價會上揚，則會增加目前的消費。而所得高低的分配程度也會影響儲蓄的比例，一般來說，高所得家庭的儲蓄率會比低所得家庭來得大。

利率對投資的影響

此外，利率的高低也會影響投資的多寡。當利率走低時，企業可以向銀行以較低成本借入資金，或從資本市場中以低成本的方式順利籌資，來進行購料、設廠或併購等投資計畫；相對地，利率上升時，企業的投資金額會減少。因此，利率是企業運用資本的重要依據。

消費、儲蓄與投資的循環

我們常聽到所謂「有投資才會有報酬」，以經濟學的角度來看，立場也是一致的。享有投資報酬的第一步就是要「及早儲蓄」，當所得大於消費支出時，我們把多餘的所得累積起來用來做儲蓄及投資；存得愈多，投資的資本愈多，在金融市場上所獲得的「報酬」也愈多，而產生更多的資金，並使消費增加。但如果消費的支出超出了所得，就得向外尋求「金援」，但向銀行借錢必須負擔利息，勢必影響在未來的所得分配上必須減少消費的支出，以償還利息的費用。因此，消費、儲蓄及投資是一個周而復始的循環。

消費、儲蓄與投資的關係

影響消費的因素
1. 所得增加消費增加
2. 物價愈高消費愈低

影響儲蓄的因素
1. 所得增加儲蓄增加
2. 利率愈高儲蓄愈多

消費

收入扣除支出
的剩餘所得

儲蓄

支出比例的
高低影響了
儲蓄及投資
的多寡

獲得的報酬投入
消費滿足享受

閒置的資金投入
各項金融商品

累積閒置
的資金

投資

享受錢滾
錢的好處

影響投資的因素
1. 所得增加投資增加
2. 利率愈低投資愈多

外國直接投資

台灣是一個自由開放的貿易經濟環境,商品交易已無國界的限制,連帶使資金產生跨國流通的情形。無論是外國人購買本國資產或是本國人去投資國外資產,都會對國內的經濟產生直接的影響。

什麼是外國直接投資?

隨著經濟開放程度提高,我國與國際經濟的連繫更加密切。所謂外國直接投資(FDI)是指國外企業在另一個國家投資並取得當地企業的所有權或經營權。而間接投資(亦稱金融投資)則是透過持有另一國的股票、債券、票據或外匯等方式,以期獲得股利、利息或孳息等,並非實際在掌控當地公司。每一個國家都有可能成為投資的主要國家或是被投資的地主國,端賴各國的經濟條件而定。外國直接控制本國公司所有權的方式大部分是以跨國企業模式進行購併,例如:德國的戴姆勒─賓士集團(Daimler-Benz)購併美國的克萊斯勒集團(Chrysler)。一個國家的資產被外國購併,該國也可能會去購買國外的資產,例如:美國的福特汽車(Ford)曾購併日本的馬自達汽車(Mazda)。在全球化發展的過程中,跨國企業可以透過直接投資擴大經營版圖及獲取更大的利潤,因而對本國的經濟產生影響力。

外國直接投資對經濟的影響

如果外國人購買本國資產的比例太大,政府會擔心對本國經濟的掌控能力受到限制;若外國人減少直接投資的比例,政府又會憂慮是不是自己國家缺乏吸引外資進來的條件。到底外國直接投資對一國的經濟有什麼影響呢?由於多國籍企業的跨國生產行為會影響進出口的貿易餘額,對外匯收支產生直接的影響。而且外資流入會拓展一國的貿易、提供更多物美價廉的商品、增加稅收,甚至增加就業機會等。另外,因購併產生直接投資所帶來的效應也是值得留意的;正面的效應可讓購併的綜效發揮,包括:增加市場占有率、獲取外國公司的特殊資產(研發技術或管理團隊等)、促進商業競爭、提升經營效率等;負面的效應可能會因國外經營團隊的引進而發生裁員、資遣等就業市場的問題,而且一旦外資的競爭優勢大於本土企業,在刻意製造進入障礙下,外國企業可能導致獨占經營的疑慮。

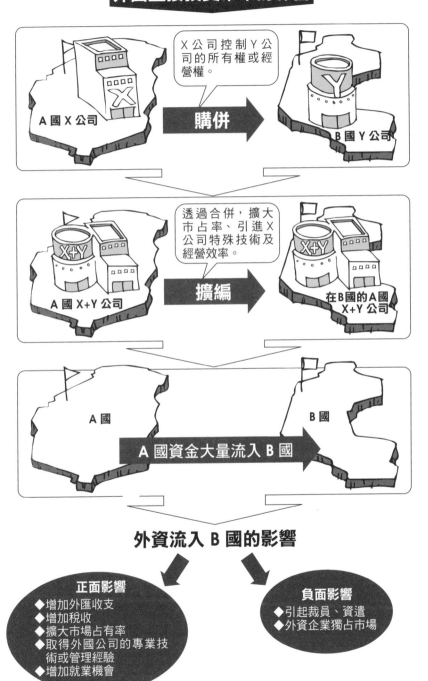

77

吸引外國投資的因素

吸引外國人投資的理由無非是希望刺激本國的經濟發展,提升就業機會與競爭力。既然吸引外資流入本國存在一些潛在的好處,就得仔細思考本國有什麼樣優惠的條件或本身有什麼優勢可以吸引這些外資投入。

吸引外國投資的因素有哪些?

　　吸引外國直接投資的因素可以歸納出下列幾點:1. 較低廉的成本:很多企業為了取得規模經濟的效益,紛紛在世界各地尋求低生產成本的工廠進行生產,尤其是開發中國家,例如亞洲的越南、印度、中國;東歐的波蘭、匈牙利等,因為勞工成本相對低廉,甚至土地取得成本較低,使得許多跨國企業選擇在這些國家進行投資。2. 擁有特殊的無形資產:如果一國擁有某些特殊的無形資產包含研發技術、品牌、管理技巧等,會吸引外國直接來投資,以期透過該國所具有的特殊條件創造更好的利潤。例如當微軟(Microsoft)或英特爾(Intel)公司決定在台灣成立研發中心時,即是看好台灣在電子資訊產業的研發實力。3. 地點的優勢:很多跨國企業採行全球布局的策略,一方面是藉由在該國設置據點以快速地進入當地的消費市場,運用因地制宜的方式去攻占市場,並可享有降低運輸成本及取得低廉生產要素等優勢。此外,不少外國企業基於稅率的考量會選擇到避稅天堂去投資,如:開曼群島、英屬維京群島等地設立公司,以享有免稅的好處。4. 政府相關法令的獎勵措施:各國政府為了刺激外國進入投資都會端出各項獎勵措施,最常見的是租稅優惠政策及勞工政策。

外國直接投資的好處

　　在東歐的國家中,匈牙利吸引了最多的外國直接投資。主要的原因是匈牙利是東歐最早開始進行經濟轉型、以及修改相關法律的國家。在改善投資環境及文化地理的優勢下,匈牙利的經濟成長和外國直接投資有著相當大的關係,例如:匈牙利65%的出口量是由跨國公司和具有外國企業股份的國內公司所創造,這些跨國、外資企業在提供工作機會、技術轉移、使用新資訊系統及管理方法上對匈牙利有相當大的貢獻。

　　二〇〇三年,中國首次取代美國成為全球最多 FDI 流入的目標國;另根據中國商務部資料顯示,二〇一〇年在中國的 FDI 投資更首次超過一兆美元。也因此,外商投資企業為促進中國經濟發展發揮了重要作用,使得近年來中國成為「世界工廠」的代名詞。由此可知,在經濟全球化的過程中,外國直接投資的挹注對開發中國家的經濟發展有很大的助力,不僅使全球貿易更加活絡,更是促使經濟快速成長的動力。

Tips
中國吸引外國大規模的直接投資

做為世界上最大新興市場的中國是外國直接投資的最大受益者,尤其在二〇〇二年加入世界貿易組織(WTO)之後,中國吸引外國直接投資的總規模超過五百億美元,創下歷年來最高紀錄,到二〇一五年更達兩千五百億美元。

吸引國外投資的條件

較低廉的成本
◆可以低成本取得土地
◆可以較低廉的工資雇用勞工

獨特的無形資產
◆特有的產品及專利技術
◆具知名品牌的形象
◆擁有獨特的經營方式與管理技巧

政府法令的獎勵
◆提供租稅獎勵辦法
◆具吸引國外人才進駐的勞工政策

地點優勢
◆為搶攻該地消費市場與低廉生產要素
◆擁有可降低運輸成本的地理位置
◆到避稅天堂投資以享有稅率上的優惠

Chapter 05

政府調節經濟的
工具──財政政策
與貨幣政策

　　由於現實的經濟活動中，無法完全依靠市場機制來調節供需與價格，因此，有時需要透過政府協助，使得市場機制能充分發揮、或是解決市場機制無法處理的問題。例如在九一一事件後，做為全球經濟龍頭的美國，經濟面臨衰退的窘境，影響所及，歐洲與日本也瀕臨了景氣衰退的現象，這時就得靠政府適時地運用手中的兩個工具：財政政策與貨幣政策，以鼓勵民間消費和企業投資，讓經濟再度活絡。相對地，當國家經濟發展旺盛時，也可運用這兩項工具避免通貨膨脹，進而達到均衡的物價與所得水準。

學習重點

- 財政政策有什麼效果？
- 政府如何解決財政赤字？
- 貨幣有什麼功能？
- 金錢是如何流動？
- 中央銀行與一般商業銀行有何不同？
- 中央銀行如何操作貨幣政策？
- 貨幣政策有哪些效果？

什麼是財政政策？

政府調整稅收和支出以影響經濟活動的方法，稱為財政政策。例如：租稅是否要增加還是減少？政府的消費支出是否要擴編還是縮減？這些都是討論財政政策的基本問題。

政府的預算收支以調節景氣為目的

在政府的會計年度帳中，會將政府收入與政府支出做個加總，若收支相等，稱為預算平衡；若政府支出超過收入時，便會產生預算赤字；若收入大於支出，則有預算盈餘。政府的支出面包括國防、教育、文化、公共建設等項目，而收入面主要為政府各種稅收來源及公營事業盈餘繳庫兩大項。一般會計師在替公司做帳時，可能會為了收支平衡而煩惱，但經濟學家觀察政府的收支狀況時，關心的則是政府收支是否能順應經濟景氣變化、具有自動調節以穩定經濟的功能。例如：國家經濟陷入衰退，政府的各項稅收會減少，但為了幫助景氣復甦，政府對各項計畫的支出會持續增加，這時支出預算可能會大於收入而出現赤字。但景氣好時則完全相反，政府的稅收會增加，各項支出會減少，因此預算會小於收入而出現盈餘。所以政府部門只要能配合景氣榮枯適當地調整其收入與支出，就會對總體經濟產生調節的作用。

財政政策如何調節景氣榮枯？

財政政策主要是政府利用稅收和支出的方式來影響國民所得與經濟景氣。當經濟蕭條時，政府可以利用增加公共支出或減稅的方式，刺激民間對商品、服務與勞動力的需求，又稱為「擴張性財政政策」。例如：不景氣時，消費者因憂慮經濟前景而緊縮荷包減少消費，這時，政府可以擴大公共支出，像是興建高速公路與港口、投資重大公共建設等，藉由採購原物料、啟動生產製程，帶動產業營運回春，並創造更多的就業機會，使得人們有能力增加消費，對商品的總需求提高，促使物價水準往上調整。因為總需求的擴增會影響到社會的總產出增加，因此市場需要更多的貨幣進行交易，對資金的需求也就提高，影響利率上揚，景氣因而逐漸復甦，形成良性循環。另外，政府實行減稅措施，也可以使消費者的手頭變得寬裕，進而增加物品的購買量，達到刺激景氣的效果。但一般認為稅賦的改變為長期性時，消費者才有可能改變他們的消費量。

相反地，當景氣過熱，物價上漲壓力大增時，政府就要減少公共支出或透過增稅的方式，降低總需求以抑制物價膨脹，又稱為「緊縮性財政政策」。使得人民所得減少、就業機會縮減，造成民間消費意願下降；在總需求降低的同時，物價水準會往下調整，市場對資金需求也下滑，影響利率下跌，為過熱的經濟降溫。

景氣高低與財政政策的關係

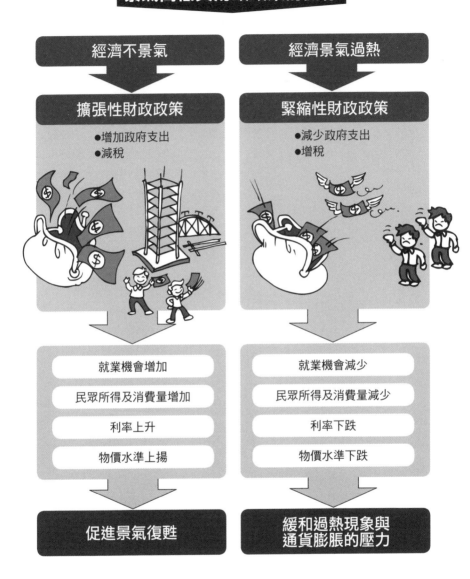

經濟不景氣	經濟景氣過熱
擴張性財政政策	緊縮性財政政策
●增加政府支出 ●減稅	●減少政府支出 ●增稅
就業機會增加	就業機會減少
民眾所得及消費量增加	民眾所得及消費量減少
利率上升	利率下跌
物價水準上揚	物價水準下跌
促進景氣復甦	緩和過熱現象與 通貨膨脹的壓力

政府如何解決財政赤字？

政府實行社會福利措施、進行公共投資或是各項行政事項都需要經費，當稅金等全部收入無法支付這些經費而出現「財政赤字」時，政府為了弭平赤字而籌措資金，除了徵稅外，其餘就得靠借貸來彌補，或央行自行發行貨幣。

政府融通支出的方式及效果

政府部門如果產生了財政赤字，增加收入來源的方法有三種：徵稅、發行公債、發行貨幣。其中徵稅是大家最熟悉的政府收入來源，包括增加稅源或是提高稅率，稱為「賦稅融通」。例如：政府為了因應其支出而調高所得稅稅率以增加稅收。但提高稅率代表消費者可支配的所得減少了，因而降低人民消費及投資的意願，直接影響到經濟活動的整體水準。

除了依靠稅收，政府可以向民間或國外借款，最常用的方式就是發行公債，即所謂的「公債融通」。政府發行公債和一般人借貸一樣，只是公債是政府的負債，總有一天必須償還，也就是說，將來公債到期時，政府必須支付本金與利息給投資者。政府若不能從根本削減行政的支出，財政赤字就會不斷擴大，以致為了應付愈來愈龐大的赤字，只好持續發行公債，形成以債養債的惡性循環。

另一個方法是「貨幣融通」，即中央銀行發行鈔票以應付政府的支出，等於是政府向中央銀行借貸，利用央行發行貨幣的權力，發行新的貨幣以應付財政赤字。但須注意的是，當市場上的貨幣過多而商品太少時，一旦未能有效控制，就會造成物價持續上漲，形成通貨膨脹的結果。

財政赤字一定是壞事嗎？

政府出現了財政赤字沒有絕對的好壞，經濟學家關心的是政府如何配合景氣的榮枯而採行適合的對策。財政赤字既然有以上幾種融通的方式，無論是向民間、國外或中央銀行借貸，只要有借有還，自然不成問題。萬一政府財政赤字持續擴大，加上國家的舉債信用不佳，像是墨西哥、阿根廷等國家，投資人就會對借錢給政府望之卻步。如果政府不斷向中央銀行舉債，也會造成通貨膨脹的惡性循環，可能引發泡沫經濟崩潰的金融風暴。況且，政府為了應付龐大的財政

Tips

政府通常以融通方式保持預算平衡

政府若要保持預算平衡必須對預算收入和支出兩方面採取行動，但通常限制支出是比較困難的，因此政府多半同時採用賦稅融通、公債融通及貨幣融通這三種增加收入的方式來維持預算平衡。

赤字，會發售更多的公債或向央行借更多的錢，形成政府與私人借款者競爭資金的情形，使得對貨幣的需求超過供給，導致長期利率不斷上揚，使大眾借款成本提高，造成民間投資比例降低的排擠效應。如此一來，龐大的財政赤字就是嚴重的問題，帶來負面的影響。

不過，財政赤字也可能在政府政策的適當調節之下，引起經濟的正面作用。以美國而言，龐大的財政赤字一直是歷任總統執政時頭痛的問題。當時的布希政府為了解決美伊戰爭後形成的不穩定經濟，自二〇〇三年採行三千五百億美元的減稅政策，反而促使經濟成長的腳步逐漸加快。因此，如何消除財政赤字所帶來的負面影響，化阻力為助力，端看政府如何適時應變以避免造成經濟惡化的現象。

政府彌補赤字的來源

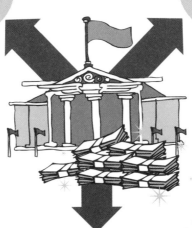

徵稅
提高人民賦稅的稅率，或另闢稅收來源。

稅率增加會使企業投資與人民消費意願降低。

發行公債
政府發行公債向大眾籌措資金。

容易造成以債養債的惡性循環。

發行貨幣
中央銀行發行鈔票以支應政府支出。

貨幣過多而商品數量過少時，可能導致物價上漲。

什麼是貨幣？

當人們被問到：「為什麼要有『錢』？」，「可以買自己喜歡的東西。」大概是最直接的答案。因此貨幣就是錢，是一種協助貿易和商業進行的交易媒介，可以衡量商品與服務的價值。除了買東西這項功能外，如果你有多餘的貨幣還可以累積財富。

貨幣的功能

在還沒有貨幣出現的原始農業社會裡，交易只能用「以物易物」的方式進行，例如：人們可以用一頭羊換一袋麵粉。但是以物易物的交易類型不適用在開發先進的經濟體系，否則用羊去大賣場買東西，就讓業者很頭痛了。因此，我們需要一個什麼東西都能交換的媒介—貨幣，讓交易活動可以更有效率且更順暢地進行。既然貨幣具有交易的功能，那麼它應該可以做為一個計算價值的單位，讓各種商品和服務的成本、收益和利潤能用同樣的標準來衡量、比較。想想看如果沒有貨幣做為衡量價值的標準，A商店的皮包要價五隻雞，B商店的皮包則要三頭羊來換，哪家的皮包會比較便宜呢？

除了交易、計價的功能外，貨幣還具有價值儲存的功能。有時我們不會花完所有的錢，會剩下一部分留待以後消費，因此持有貨幣等於是擁有在未來購買東西的能力。貨幣最後一項功能是做為延期支付的計算標準。由於投資及借貸行為經常出現在經濟活動中，在確定貨幣的價值下，可以計算未來領錢或還錢的標準。

如何決定貨幣的價值？

一張一千元的新台幣和一張一元的美鈔，都是一張紙，但不同的是來自於它的購買力不同。美金或新台幣都是交易的媒介，可以用來購買一些具有價值的商品，銷售商品或服務的人也會接受它，因此貨幣的價值就來自於能買到什麼樣的東西。持有貨幣是為了方便未來的交易，但購買力會隨時間而改變，貨幣的價值也跟著變動。例如物價上漲時，要用更多的貨幣才能買到同樣一件商品，也就是說貨幣的價值變低了。此外，貨幣的價值也會隨著一國經濟競爭的強度而有所變動，當人們使用某種貨幣的機會愈高表示持有該貨幣的利益愈大。以美元為例，世界上有許多國家都是用美元進行貿易及投資，這代表美元是一種值錢的貨幣，也代表美國的經濟競爭力強，因此美元被視為國際通貨。

貨幣的功能

交易媒介

進行買賣的支付工具。

計價單位

計算商品的價值。

價值儲存

儲存貨幣
留待未來消費使用。

延遲支付的標準

不管是存錢或借錢，
貨幣可做為未來領錢
或還錢的計算標準。

債權人

債務人

貨幣如何流通？

有了錢（貨幣）做為交易的媒介後，這些錢又是如何流動呢？買賣消費是最直接的方式，擴大來看，貨幣的流通涉及到個人、企業、金融機構（銀行）與金融市場（股票或債券市場），形成較複雜的金融體系。

銀行扮演資金仲介的角色

平常我們用貨幣進行交易其實非常簡單，買多少東西付多少錢，銀貨兩訖。貨幣的互相流通也代表著商品與勞務的移轉，這似乎成為理所當然的規則。但追根究柢，貨幣到底是如何流通？一般而言，貨幣會從資金多餘的人流向資金不足的人，即有多餘金錢的人借錢給需要資金的人，但借錢的人得付出一些代價，以補償對方放棄這筆金錢的獲利機會所產生的損失，這個代價就是利息。由此可知，貨幣就如同一般商品一樣可以進行交易，貨幣交易的市場因而形成。在貨幣市場上，貨幣的需求者與供給者可以借入及貸放資金，雙方同意以利率做為補償「價格」，並由銀行擔任起仲介的角色。當銀行吸收大眾的存款後，在貨幣市場上貸放給需要大筆資金的借款人，借款人再支付利息給銀行；在正常情況下，銀行的放款利率會高於存款利率，其間的價差就是銀行所獲得的利潤。

金錢流動的兩個途徑

擁有多餘資金的人經由銀行的居間仲介而將資金流入借款者的手中，稱為「間接金融」；也就是說，銀行其實是在做資金移轉的活動，存款人將多餘的現金存在銀行帳戶內，銀行再以放款、投資等方式提供給借款者，並且讓存款人（資金的供給者）享有一定的報酬，也就是存款利息。相對地，當資金需求者（缺乏資金的企業）以發行股票或公司債等有價證券的方式，直接向資金供給者（投資人）取得資金，而不透過銀行居間仲介，即為「直接金融」，投資人則可以購入有價證券以從中獲得報酬。

雖然目前間接金融仍為一般民眾及企業主要的融資管道，但隨著金融市場的開放及法令限制逐漸寬鬆、金融商品不斷推陳出新，提供大眾更多的投資選擇及企業更方便且低成本的籌資管道，再加上銀行有一定的放款比例限制，許多企業因而轉向直接金融籌資。想要籌措資金的企業以發行股票、公司債、海外可轉換公司債、海外存託憑證等方式，同樣達到增資的目的並且享有不同的效益。在直接金融下，投資人也可以透過投資不同金融市場的商品，獲得比銀行存款更高的收益，使得透過間接金融籌資的比例有逐漸下跌的趨勢。

資金的兩種流向

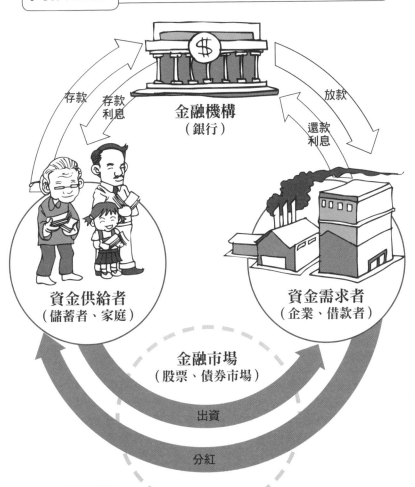

間接金融 資金經由金融機構的仲介

金融機構
（銀行）

存款

存款
利息

放款

還款
利息

資金供給者
（儲蓄者、家庭）

資金需求者
（企業、借款者）

金融市場
（股票、債券市場）

出資

分紅

直接金融 資金經由金融市場直接交易

中央銀行與商業銀行的關係

當人們有多餘的錢可以存在銀行，資金不足時可以向銀行借貸，不過，當一般銀行資金用完了，可以向誰融資呢？答案是中央銀行。中央銀行除了是國家的銀行，制定貨幣政策外，也是銀行的銀行，可以供一般商業銀行做資金周轉。

央行是銀行的最後融通者

當一般銀行接受存款大眾的存款，存款貨幣（即活期存款、活期儲蓄存款、支票存款）間接被銀行創造出來，並放款給有資金需求的人，例如：A 銀行貸放給 X 企業，X 企業再將這筆錢存在平時往來的 B 銀行，使得 B 銀行的存款增加了，有多餘的資金可以貸放給別的企業。在此不斷借貸的過程使得各銀行的存款金額增加了，也就是說，透過銀行的放款行為因而增加了在外流通的貨幣供給量，這樣的機制稱為「信用創造」。

然而商業銀行並不能將所得到的存款全部貸放出去，因為中央銀行會要求商業銀行將所吸收的大眾存款，留有一定比例轉存在央行的帳戶裡做為存款準備金，以備存戶提取。加上中央銀行可以在商業銀行出現資金短缺時給予支援，做為銀行的最後融通者，因此一般銀行和央行的關係，就如同一般人與銀行的關係一樣，會在銀行開帳戶，進行存款、轉帳、繳貸款；一般銀行也可以透過其在中央銀行的存款準備金帳戶進行轉帳、結算貸款……等，而不必真的提領出現金，因此中央銀行也可說為一般銀行的清算銀行。

此外，當銀行資金不夠時，除了最後向央行求援外，通常都是向同業進行短期的借款，而同業間資金借貸所收取的利率就稱為「隔夜拆款利率」，一般商業銀行會將隔夜拆款利率做為基本放款利率的衡量標準。雖然央行不會干涉銀行間用什麼利率借貸，但央行會藉著調整貨幣供給量來維持隔夜拆款利率在一個適當的水準，間接為基本放款利率設定目標。

中央銀行扮演的角色

每個國家都會設立中央銀行，例如：美國的聯邦準備銀行、英國的英格蘭銀行、日本的日本銀行等，這些央行都身負督導金融機構業務，以促進金融體系健全發展的責任，其任務包括：監督銀行及資金的流動、控制貨幣供給及國內利率水準、維持匯率的穩定 。因此，央行除了是銀行的銀行外，同時也是國家的銀行，管理國庫業務，掌握一國貨幣的發行權。由於央行握有政府與一般銀行的帳戶資料，得以監控銀行資金流動的情況，進而採取適當的調節措施。此外，各國央行為了能精確地掌握資金的供需狀況，而特別注重利率水準的管理，通常央行會以某項利率來建立官方的指標利率，做為一般銀行放款利率訂價的參考。例如：在美國是以聯邦準備利率做為基礎；日本則以貼現率做為指標；而英國以貨幣市場交

易率為基礎；我國則以隔夜拆款利率為指標。假如央行宣布調降指標利率，表示銀行可將多餘的資金貸放出去，增加市場上的貨幣供給，引導市場利率下降；反之，央行調高指標利率，銀行就會緊縮貸放的金額，減少市場上的貨幣供給，利率也隨之上升。

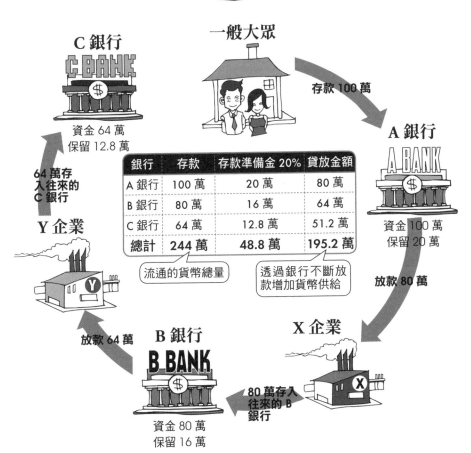

銀行信用創造的過程

C 銀行

資金 64 萬
保留 12.8 萬

64 萬存入往來的C銀行

Y 企業

放款 64 萬

一般大眾

存款 100 萬

A 銀行

資金 100 萬
保留 20 萬

放款 80 萬

銀行	存款	存款準備金 20%	貸放金額
A 銀行	100 萬	20 萬	80 萬
B 銀行	80 萬	16 萬	64 萬
C 銀行	64 萬	12.8 萬	51.2 萬
總計	**244 萬**	**48.8 萬**	**195.2 萬**

流通的貨幣總量

透過銀行不斷放款增加貨幣供給

X 企業

80 萬存入往來的 B 銀行

B 銀行

資金 80 萬
保留 16 萬

中央銀行與貨幣政策

除了財政政策之外，貨幣政策是政府影響經濟的另一項工具，即政府調節貨幣供給以達到影響經濟的目的。世界上絕大多數的國家都是由中央銀行負責貨幣政策，我國也不例外。由於中央銀行具有發行貨幣的獨占權利，因此也掌握了貨幣供給量的控制權，維持金融體系的穩定更是其主要職責。

貨幣供給與經濟的關係

當貨幣數量太多，消費者感覺持有較多的錢，因而增加消費，使得消費者的需求會超過廠商所能供給的產能。為了要滿足過多的市場需求，廠商便會開始調漲售價，因而出現通貨膨脹，造成經濟不穩定。相反地，貨幣數量太少，消費者感覺自己變窮了而減少消費，造成市場上供過於求，導致物價下跌，經濟活動會逐漸萎縮。由於貨幣供給對利率、物價與經濟活動有深切的影響，因此如何維持適當的貨幣供給增加率以保持物價的穩定，是中央銀行的重要功能之一。

如何計算貨幣供給量？

在台灣，中央銀行用來觀察貨幣供給情形的指標為 M1B 及 M2。M1B 是指：在銀行體系外流通的總貨幣數量，加上企業及個人在金融機構的支票存款、活期存款及活期儲蓄存款。M1B 的主要功能是做為交易的媒介，對經濟活動的影響較直接。M2 則是由 M1B 再加上定期存款、定期儲蓄存款、郵匯局轉存款等流動較低的金融資產，因此 M2 的價值儲存功能較強，對經濟活動的影響也較間接。例如：股市及房地產回春，多數的存款者可能會將定期存款轉成活期存款，使資金流向股市，此時

M1B 的成長率就會大於 M2 的成長率。由於 M1B 與 M2 各具有不同的影響層面，央行對這兩種貨幣數量都相當重視。

透過公開市場操作

中央銀行如何調節貨幣供給呢？由於銀行並不可以將所得到的存款全部貸放出去，必須留有一定比例存在中央銀行裡做為存款準備金，因此央行可運用發行政府公債的方式來調整存款準備金的多寡，進而控制貨幣供給量，稱為「公開市場操作」，這也是央行最常用來調節貨幣供給的方式。當央行判斷貨幣供給量不足、也就是市場資金吃緊時，就會買入債券，然後支付等價的金額與利息，藉此增加流通的貨幣數量；反之若市場上的貨幣過多即資金寬鬆時，央行就會出售債券以收回現金，藉此減少貨幣數量。

調節重貼現率

如果央行想要藉調降借貸成本來刺激景氣，主要的工具為「重貼現率」，即一般商業銀行可以直接向中央銀行借貸的利率。所謂「貼現」是指將持有的商業票據兌換為現款，當商業銀行資金不夠時，除了同業間相互借調外，也可以向中央銀行要求貼

貨幣供給量對經濟的關係

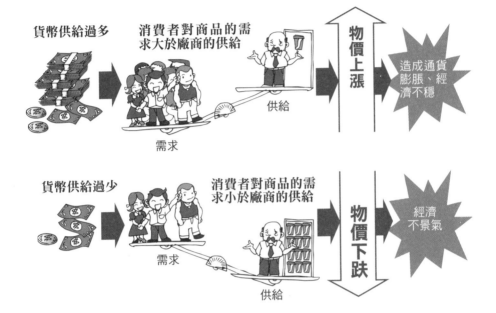

貨幣供給過多 → 消費者對商品的需求大於廠商的供給 → 物價上漲 → 造成通貨膨脹、經濟不穩

需求 / 供給

貨幣供給過少 → 消費者對商品的需求小於廠商的供給 → 物價下跌 → 經濟不景氣

需求 / 供給

兩種貨幣供給量指標

$$M1B = 通貨淨額 + 存款貨幣 →$$

M1B 的內容流動較高，主要做為交易的媒介，直接影響經濟活動的變化。

在銀行體系外流通的貨幣總量。

包括支票存款、活期存款及活期儲蓄存款等。

$$M2 = M1B + 準貨幣 →$$

M2 的內容流動性較低，主要強調儲存的功能，間接影響經濟活動。

包括定期存款、定期儲蓄存款、郵局轉存款等。

現，以取得資金，因此重貼現率和商業銀行的貸款成本有直接關係。當重貼現率下降，表示銀行可以用更低的成本向央行借錢，銀行也因而可以更便宜地借給客戶，即市場利率降低，增加貨幣供給；反之，提高重貼現率會使市場利率提升，減少貨幣供給。因此，調整重貼現率是央行一種「以價制量」的措施；同時，想要預測市場利率的變動，重貼現率也是觀察的指標。

調節法定準備率

銀行在吸收客戶的存款後，必須要將存款的某一比例留做庫存現金，或轉存中央銀行做為「存款準備金」，以支應存款人提款所需，然後才能將剩餘的資金貸放出去。此一準備金與存款的比例就稱為「準備率」，其中必須存在央行的存款比例，則稱為「法定準備率」。因此央行可藉由調整法定準備率來影響銀行可貸放資金的數量，進而影響貨幣供給。當市場資金寬鬆時，為防止物價上漲，央行可以提高法定準備率，使銀行可貸放的資金減少，信用創造的過程使貨幣供給也隨之減少。相反地，若市場資金吃緊，央行則降低法定準備率，促使貨幣供給增加。

Tips

央行執行政策的獨立性是否受限？

雖然貨幣政策和財政政策是各自獨立行使，而且央行可以控制貨幣供給的數量，但實際上，由於央行是政府發生赤字時的融通對象，因此央行的貨幣政策還是會受到政府財政收支的影響，使得央行並無完全的自主控制能力。

央行調節貨幣供給量的三大工具

1 公開市場操作

賣出債券

吸收貨幣

貨幣過多時

貨幣不足時

供給貨幣

買入債券

中央銀行

金融市場

2 重貼現率的運用

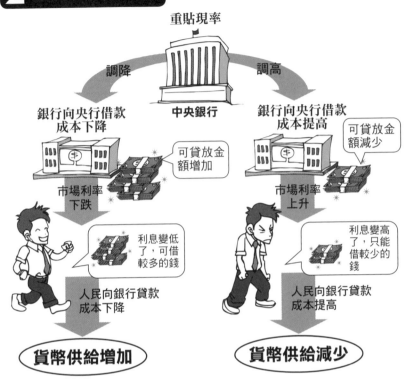

重貼現率

中央銀行

調降 → 銀行向央行借款成本下降
調高 → 銀行向央行借款成本提高

可貸放金額增加

可貸放金額減少

市場利率下跌

市場利率上升

利息變低了，可借較多的錢

利息變高了，只能借較少的錢

人民向銀行貸款成本下降

人民向銀行貸款成本提高

貨幣供給增加

貨幣供給減少

3 調節法定準備率

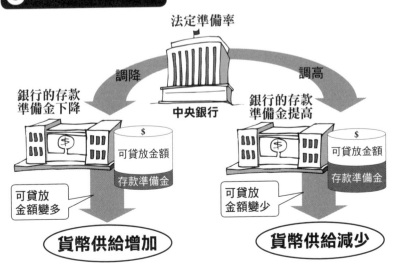

法定準備率

中央銀行

調降 → 銀行的存款準備金下降
調高 → 銀行的存款準備金提高

可貸放金額
存款準備金

可貸放金額
存款準備金

可貸放金額變多

可貸放金額變少

貨幣供給增加

貨幣供給減少

利率如何影響貨幣流向？

中央銀行藉由發行債券和控制短期利率調節貨幣供給量來制定貨幣政策，貨幣政策決定了利率應該調升、調降還是持平，並藉由利率來調節景氣。當利率升高，使得資金借貸成本提高，可緩和過熱的景氣；當利率下降，使得投資意願提高，藉此刺激景氣。

央行降息的影響

我們常在財經報導上看到央行宣布降息或升息多少碼（一碼等於0.25%）的消息，其中所宣布的利率是指央行所控制的短期利率，包含了重貼現率、擔保放款融通利率和短期融通利率等。由於利率代表資金借貸的成本，影響貨幣的價值，因此降息與升息各有不同的決策時機及影響效應。

在央行採行降息政策時，會引導市場利率下降，使企業融通資金的成本降低，企業必須負擔的利息支出因而減少，轉而增加投資需求，並且隨著利率下降，人們對貨幣的需求會增加，當手中持有的貨幣變多了，就會提高消費支出，使民間消費活絡，促進經濟成長。所以通常央行都會在景氣蕭條時採行降息政策以達到景氣復甦的效果。一般來說，當央行宣布降息時，一般商業銀行可能會隨之調降存款利率及放款利率，使我們在銀行的存款利息變薄了，但也節省不少貸款利息的支出。但相對地，由於降息會驅使更多的資金挹注到市場上，在貨幣供給數量增加下，民間消費的意願提高，則會產生物價上漲的壓力。

央行升息的影響

與降息相反的情況是升息，當央行為了預防景氣過熱並減緩通貨膨脹時，會採行升息的決策，以引導市場利率上升，使企業融資的成本增加，必須負擔較多的利息支出，因而降低了投資的需求。另一方面隨利率上揚，會使得更多的資金回流至銀行體系，有助於抑制民間消費來緩和過熱的經濟。與此同時當市場裡流通的資金減少，在貨幣供給數量下跌的狀況下，民間消費的意願會降低，因而導致物價下滑。升息對於個人消費借貸的影響也很顯著，因為一般商業銀行會根據央行短期利率的調升，而調高存款利率及放款利率，使民眾貸款利息的支出增加，借貸活動會逐漸趨緩。雖然利率的上升增加了企業及個人的成本支出，卻有助於國際資金的流入。在資金自由流動的情況下，利率高的國家自然會吸引大部分的外資流入進行投資，有利於強化一國貨幣的表現及改善其對外貿易的收支情形。

總體而言，央行所要控制的是資金的供給面，央行必須清楚掌控在景氣蕭條時調降多少利率可以刺激經濟復甦；或在景氣過熱時調高多少利率可以減緩通貨膨脹。

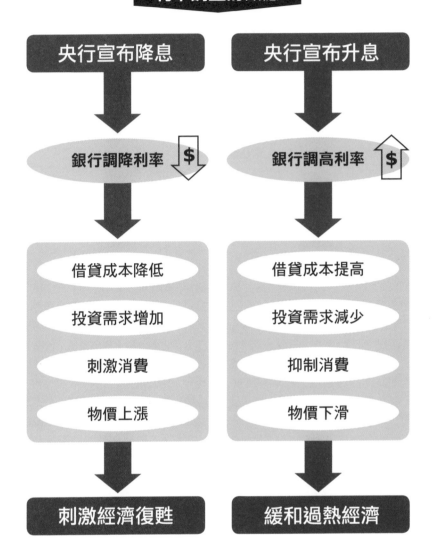

利率調整的效應

央行宣布降息	央行宣布升息
銀行調降利率 $	銀行調高利率 $
借貸成本降低	借貸成本提高
投資需求增加	投資需求減少
刺激消費	抑制消費
物價上漲	物價下滑
刺激經濟復甦	緩和過熱經濟

貨幣政策如何發揮效用？

中央銀行可以藉由控制貨幣供給的數量來決定利率水準，進而影響整體經濟景氣的發展，透過增加貨幣供給來刺激經濟稱為「擴張性貨幣政策」；反之減少貨幣供給的做法稱為「緊縮性貨幣政策」。兩種方式各有其採行的時機及影響效果。

擴張性貨幣政策

中央銀行可以藉由調整貨幣政策來影響投資需求與生產量。當社會經濟面臨不景氣、失業率高升時，央行透過增加貨幣供給，也就是寬鬆銀根以刺激經濟發展，這種做法稱為擴張性的貨幣政策。央行可以利用公開市場操作，在金融市場上買入公債，支付等價金額，或降低重貼現率、法定準備率等方式來增加貨幣供給。當貨幣供給增加，一般商業銀行可對外貸放的資金數量也會增多，為了吸引顧客上門借錢，商業銀行就會調降利率，所以增加貨幣供給會促使利率處於較低水準；相對地，廠商借貸的成本會降低，使得想要借錢來擴大營運、添購新設備的企業就會增加，進而刺激投資需求，社會的總產出也會逐漸提高，達到刺激經濟成長的目的。另一方面，貨幣增加的結果，使得消費者感覺口袋中的錢變多了，而提高消費意願、增加對商品的需求，意味著廠商必須購買更多原物料及僱用更多勞力來滿足需求。當消費者的需求超過供給面的產能，就會出現通貨膨脹的壓力，使得產品開始調高售價，員工也會要求調升工資。

緊縮性貨幣政策

當央行在市場上挹注足夠的資金來促進景氣繁榮，一旦經濟過熱，物價上漲的壓力就會浮現，為了抑制通貨膨脹的產生，央行將會採取緊縮性的貨幣政策，即減少貨幣供給，也就是收縮銀根、促使利率升高，使得投資需求及總產出減少，降低經濟成長的熱度。央行可以透過公開市場操作，在金融市場上賣出公債，收回等額貨幣，或提高重貼現率、法定準備率等方式來減少貨幣供給，引導利率上揚以減少市場上的可貸資金，冷卻過熱的投資需求，使景氣降溫，減緩通貨膨脹的壓力。最明顯的狀況是中國市場在二〇〇〇年因外資持續加碼投資，使得中國的貨幣供給不斷增長，中國當局為預防經濟過熱及控制金融風險，於是透過發行短期票據、調升法定準備率等貨幣政策來回收市場資金，以減少貨幣在外流通的數量。

擴張性貨幣政策

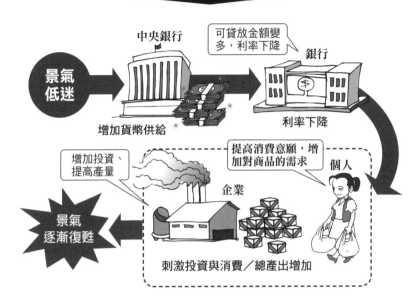

景氣低迷

中央銀行

增加貨幣供給

可貸放金額變多，利率下降

銀行

利率下降

增加投資、提高產量

提高消費意願，增加對商品的需求

企業

個人

景氣逐漸復甦

刺激投資與消費／總產出增加

緊縮性貨幣政策

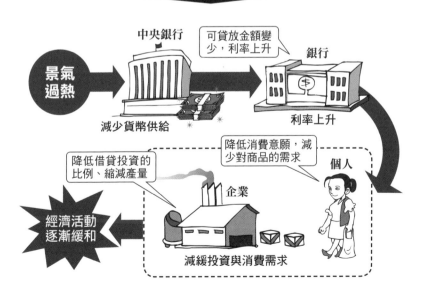

景氣過熱

中央銀行

減少貨幣供給

可貸放金額變少，利率上升

銀行

利率上升

降低借貸投資的比例、縮減產量

降低消費意願，減少對商品的需求

企業

個人

經濟活動逐漸緩和

減緩投資與消費需求

財政與貨幣政策的限制

財政政策與貨幣政策都是政府因應景氣變化來調節經濟的工具，但無論是採用哪一種政策，在現實社會中，政府的決策與實施成效常會出現時間落後的情形，因而對政策構成成效限制，可能使得政策無法如預期般達到最好的效果。

財政政策的限制

為使財政政策達到預期的目的，政府必須掌握經濟的動向以適時地提出對策。然而，當經濟問題浮現時，政府往往需要一段時間去體認問題所在；或是根據過去的資料來判斷目前的經濟動向，因此產生了「認知落差」。等到政府了解當前的經濟情形後，決定採取適當的財政政策，卻又涉及複雜的行政及立法程序而曠日費時，使得政策實施時已經錯過最佳時機而影響成效，於是產生「決策落差」。即使預算經立法通過後，還需要一段冗長的時間來執行，形成「執行落差」。此外，政策自開始執行到真正發揮效果也需要經歷一段期間，並無法在實施時立即看出成效，因而產生「衝擊落差」。由於以上四種時間落後的現象存在，可能導致財政政策緩不濟急，無法達到當初的目的，更可能加深經濟的不穩定狀態。

貨幣政策的限制

貨幣政策在實際執行時，也與財政政策一樣遇到上述四種不同的時間落差，只是影響程度與財政政策會有一些不同。首先，對判斷經濟問題發生的認知落差，在執行貨幣政策上一樣會產生。但由於貨幣政策是經由中央銀行操控貨幣供給的能力來影響經濟，而一國中央銀行的角色通常具有一定的獨立性，因此央行訂定貨幣政策時，不須事先經過民意機關通過，在執行時也握有百分之百的掌控權，所以貨幣政策在決策落差及執行落差上顯得較輕微。

事實上，對於貨幣政策影響較嚴重的是衝擊落差，使得貨幣政策在執行上無法立即發揮成效。因為貨幣政策對消費所得及物價等的影響，乃是間接透過貨幣市場上利率的調整與投資需求的多寡所造成的，也就是說，貨幣政策的效果會直接影響利率的變動，而投資需求又對利率的變動反應較敏感，進而才影響所得與物價的改變。因此，貨幣數量的變動在短期內無法對均衡所得發揮直接影響，使得貨幣政策可能未達到目的就在短期中失效。另外，央行雖然可調整利率以控制貨幣供給量，但央行的做法能否奏效，與商業銀行的經營息息相關。因為銀行藉著存款來提高放款的能力，再藉由放款來增加市場的貨幣數量，一旦資金因銀行本身經營不善而貸放不出去時，就會使得貨幣無法在市面上順利流通，此時貨幣政策的效果會變得難以預知。

財政與貨幣政策的四種限制

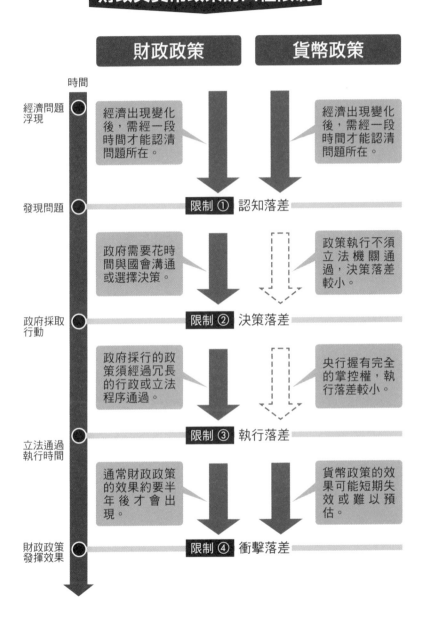

財政政策　貨幣政策

時間

經濟問題浮現　經濟出現變化後，需經一段時間才能認清問題所在。　經濟出現變化後，需經一段時間才能認清問題所在。

發現問題　限制 ① 認知落差

政府需要花時間與國會溝通或選擇決策。　政策執行不須立法機關通過，決策落差較小。

政府採取行動　限制 ② 決策落差

政府採行的政策須經過冗長的行政或立法程序通過。　央行握有完全的掌控權，執行落差較小。

立法通過執行時間　限制 ③ 執行落差

通常財政政策的效果約要半年後才會出現。　貨幣政策的效果可能短期失效或難以預估。

財政政策發揮效果　限制 ④ 衝擊落差

Chapter

06

世界經濟的往來——
國際貿易

　　國與國之間所進行的交易買賣，就稱為國際貿易。
隨著經濟日益發展及交通運輸愈見便捷，在現今開放的
經濟環境中，商品已無國界，即使住在台灣，也可以買
到日本的水果、澳洲的牛肉、美國的汽車等各式各樣來
自國外的進口品，而台灣所製造的商品，像是個人電腦
及其周邊產品也銷往世界各地成為出口品。除了商品交
易外，其他如保險業、銀行業、美容業等服務業也在經
濟國際化、自由化下，在各國間流通。到底國際貿易有
什麼好處？各國如何決定要進口或出口哪些商品或服
務？而國際貿易對我們的生活會有什麼影響？貿易會產
生哪些問題與限制？都是本章要帶你了解的內容。

絕對利益

貿易促使各國商品及服務流通，有助於分工及專業化，並提升一國的生活福利水準。但一個國家或地區如何知道要生產什麼才能符合貿易交換的需要呢？最早由亞當史密斯提出「絕對利益」的說法，為兩國進行貿易行為提供了解釋。

什麼是絕對利益？

亞當史密斯認為一國要從事國際貿易、以及要以什麼產品進行貿易是由所掌握的絕對利益而決定。所謂的絕對利益是指一國在某生產要素上占有絕對優勢，就會充分使用該生產要素進行生產。例如：A 國在生產香蕉上有絕對優勢；B 國在生產水梨上有絕對優勢，兩國就會各自生產具有絕對優勢的產品，而不會同時生產兩種產品，然後再透過交易，滿足雙方對香蕉及水梨的消費需求。也就是說，貿易的形成來自於各國會專業生產具有絕對利益的產品，然後出口這些產品與其他國家交易。為什麼一國不去生產所有的產品，以自給自足省去交易往來的麻煩呢？因為每個國家擁有資源都是有限的，必須選擇投入最具有生產力的事情上，像是種稻的工作就交給泰國或印尼，生產石油則由中東國家負責……等，國與國之間再透過交易以滿足需求，如此一來才能有更多的時間及資源去從事自己所擅長的生產項目，進而滿足更多的需求。

絕對利益與國際貿易

為什麼一國要以生產上具有絕對優勢的商品進行貿易？讓我們舉一例來看看絕對利益是如何成立的。假設越南和美國所具備的生產要素只有勞力，越南每 1 位農夫可以生產 1 公斤的稻米；而生產 1 公斤的玉米需要 2 位農夫。而美國每 2 位農夫才可以生產 1 公斤的稻米，生產 1 公斤的玉米只需要 1 位農夫。由此可知，越南在生產稻米、而美國在生產玉米上分別具有絕對利益。假設兩國各自擁有 10 位農夫，在自給自足的情況下，越南的總產量為 6 公斤的稻米及 2 公斤的玉米，共需要 $6 \times 1 + 2 \times 2 = 10$ 位農夫；而美國則是 2 公斤的稻米及 6 公斤的玉米，共需要 $2 \times 2 + 6 \times 1 = 10$ 農夫。如果兩國將所有勞動力各自專業生產其具有絕對利益的商品，則越南的 10 位農夫專業生產稻米時可獲得 10 公斤的產量；而美國的 10 位農夫專業生產玉米時也可獲得 10 公斤的產量。當兩國展開貿易，同意以 1 公斤稻米換取 1 公斤玉米，於是越南以 3 公斤稻米和美國換取 3 公斤玉米，總產量變為 7 公斤稻米和 3 公斤玉米；而美國的總產量變為 3 公斤稻米和 7 公斤玉米。兩種產品的總產量各為 10 公斤，都比貿易前各為 8 公斤增加了 2 公斤，貿易所產生的利益隨之出現。

絕對利益下的貿易往來

越南　　　　　　　　美國

★總勞動力為 10 位農夫　　　　　★總勞動力為 10 位農夫

絕對利益
= 1 位農夫生產 1 公斤的米

= 2 位農夫生產 1 公斤的玉米

= 2 位農夫生產 1 公斤的米

絕對利益
= 1 位農夫生產 1 公斤的玉米

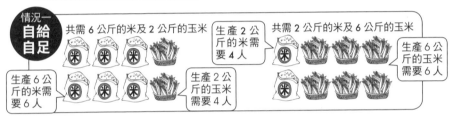

情況一 自給自足

共需 6 公斤的米及 2 公斤的玉米

生產 2 公斤的米需要 4 人

生產 6 公斤的米需要 6 人

生產 2 公斤的玉米需要 4 人

共需 2 公斤的米及 6 公斤的玉米

生產 6 公斤的玉米需要 6 人

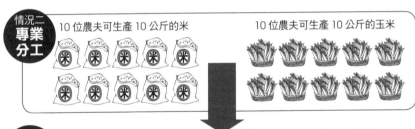

情況二 專業分工

10 位農夫可生產 10 公斤的米　　　　10 位農夫可生產 10 公斤的玉米

進行貿易

共得 7 公斤的米及 3 公斤的玉米　　　共得 3 公斤的米及 7 公斤的玉米

交易

3 公斤的米換取 3 公斤的玉米

專業分工及展開貿易的結果使雙方產量都比貿易前增加。

比較利益

絕對利益的前提是：一個國家一定要在某種商品上具有生產上的絕對優勢。可是如果一個國家不具有任何絕對利益時，是否就沒有任何產品可以出口，而無法進行貿易？事實顯示，較落後的國家也會有對外貿易，因此李嘉圖提出了另一個修正的理論，稱為比較利益法則，從兩國生產的機會成本做判斷。

什麼是比較利益？

　　十八世紀末英國經濟學家李嘉圖提出的「比較利益法則」，修正了亞當史密斯的「絕對利益法則」。比較利益法則的「比較」是相對的意思，舉例來說，小美和大雄同時負責種田和烹飪兩件事情：大雄身強力壯又擅長烹調，小美既無力氣種田更不擅於烹飪。既然大雄在種田和烹飪兩件事上都具有「絕對」的優勢，如果這兩人生活在一起，是不是大雄就包攬所有的事，而小美只能在一旁納涼呢？其實不然，他們倆人可以透過分工合作來增進共同的生活品質。雖然大雄樣樣都行，種田的能力是小美的十倍，但烹飪的能力只高於小美的兩倍；相對上，他把時間花在種田會比較有利，如果把時間花在燒飯上，將損失很多種田的收穫；小美則把時間花在烹飪比較有利，因為她去種田得到的收成更少。這就是他們的「比較利益」：小美專心烹飪，大雄全力種田，彼此分工會比兩人都各自種田又烹飪來得更好。根據比較利益的原則，每個國家都可以去計算生產某項產品的機會成本（即生產某樣產品而必須放棄生產其他產品的成本），然後與其他生產同樣產品的國家做比較，如果這項產品的機會成本較小，表示生產該產品就具有比較利益。

比較利益與國際貿易

　　比較利益法則若用在國際分工上道理亦同。舉例來說，越南的生產技術不像美國那樣進步發達，但越南生產的東西還是可以大量出口到先進國家，例如：越南可以大量地製造 Nike 的球鞋，使得美國人能把時間、資源投入到自己更擅長、更有利的工作上，像是製造波音飛機，這就是發揮比較利益的結果。正因為美國的工程師製造飛機的生產力比製鞋來得高；越南工人製鞋的生產力又比從事其他工作高，每個國家都發展其具有比較利益的產業以進行國際分工，再透過自由貿易互通有無，讓各國人民均可受惠。因此，在國際貿易上，具有多種產品絕對利益的國家，可選擇利益相對較高的產品進行生產與出口；而不具有任何絕對利益的國家，仍可選擇劣勢相對較小的產品進行生產及外銷。

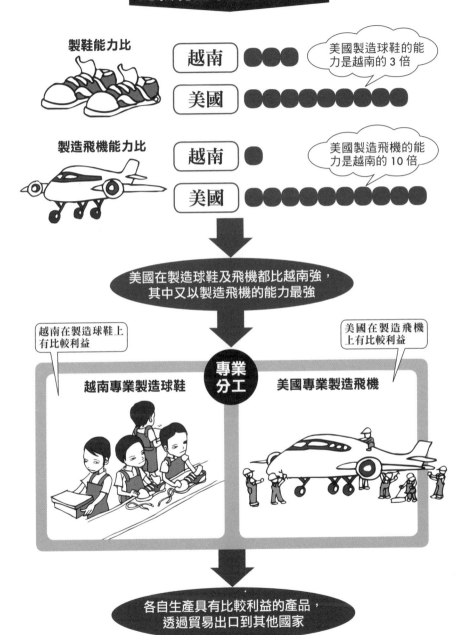

關稅壁壘

國際貿易可以提升國家整體福利水準，並且讓出口產業的廠商獲益，但卻讓生產進口品的廠商蒙受損失，因此政府為了保護本國產業或基於財政收入的考量，對進口貨物課徵關稅，以阻撓外國貨物進口的貿易措施，這樣的做法稱為關稅壁壘。

關稅壁壘的形成

所謂關稅是指進口國家針對進口貨物課徵一種隱藏稅，使進口品在國內的售價提高，減少國人對進口品的需求，進而達到降低進口量的作用。例如：同等級的車種，進口車的售價會比國產車更貴，這是因為進口汽車在抵達海關時就被課徵進口價格的25％～60％不等的高額關稅，廠商因此將關稅反映在售價上的緣故。然而在何種狀況下會採行進口關稅的政策呢？當一國在進口品市場的需求量大、且具有影響國際價格的能力時，就會對此類商品課徵適當的關稅，藉以改善貿易條件增進社會福利。另一方面，當一國面臨貿易赤字（出口小於進口）的困擾時，也可能採行關稅壁壘政策來限制進口以達到改善赤字的問題。或是基於充沛國家財政收入的目的，將進口關稅的收入當做是政府的重要財源之一。

進口關稅可以降低外來進口品的競爭壓力，得以保護國內正在萌芽發展的同類型幼稚產業。所謂「幼稚產業」並非指初創的產業，而是指正在發展階段且具有發展潛力的產業。幼稚產業透過進口關稅的短期保護，可以在國內迅速成長發展，以期在未來脫離保護之後，可以在國際競爭的環境下獨立生存。

關稅對國貿的影響

進口關稅形成對自由貿易經濟的一種障礙。雖然關稅壁壘的形成可以保護國內產業的發展、增加政府財政收入，及保住短期工作機會等好處，但長期而言，卻會阻礙經濟發展。就保護特定產業而言，政府如何決定哪項產業是值得扶持的對象？有可能受保護的產業是扶不起的阿斗，不僅對國內消費者的權益不公平，受保護的企業可能適得其反而降低生產效率且浪費國家資源。即使本國產品真的因關稅保護而提高在國內市場的競爭力，外國也可以藉此提高關稅來限制本國產品，在一來一往進出口貿易壁壘下，反而成了惡性循環，使得兩國都不能真正獲益。尤其現代企業已經走向全球化分工，國際之間貿易的頻繁往來，事實上就是執行專業化的結果，如果我們為了排除國際競爭的壓力而建立了關稅壁壘，阻斷國際間的貿易往來，等於是放棄專業分工的機會而導致整體生產力下降，可見實施關稅壁壘保護，對長期的經濟發展反而不利。

實施關稅壁壘的理由

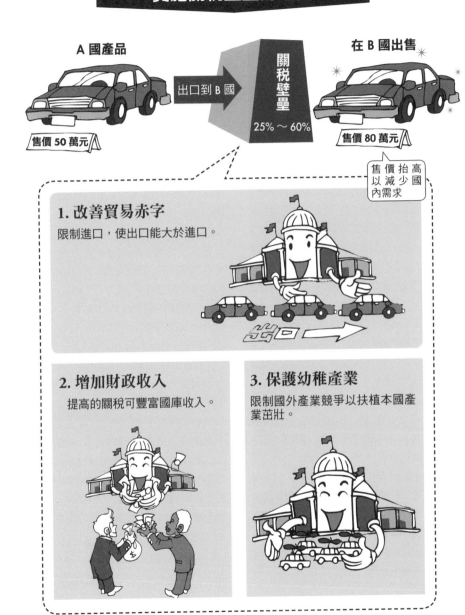

A 國產品

出口到 B 國

關稅壁壘
25% ～ 60%

售價 50 萬元

在 B 國出售

售價 80 萬元

售價抬高以減少國內需求

1. 改善貿易赤字
限制進口，使出口能大於進口。

出口

2. 增加財政收入
提高的關稅可豐富國庫收入。

3. 保護幼稚產業
限制國外產業競爭以扶植本國產業茁壯。

進口限額

貿易限制除了透過關稅管制進口品的價格之外，另一項是管制進口配額的數量，稱為進口限額。採取進口的配額限制，用意也是在保護本國產業而限制進口數量。採行進口限額政策同樣會對國際貿易產生影響。

採取配額限制的作用

進口限額是指對進口數量設定一個不得超過的上限，但不對進口品課稅。如果說關稅是藉著抬高價格，以減少消費者對進口品的需求，那麼，配額則是限制供給，以抬高進口品的價格，進而降低消費者對進口品的需求。進口限額的主要作用也是在保護國內產業的發展，一般常見於民生大宗物資。例如：美國為保護國內鋼鐵工業，針對進口鋼材徵收高達 30％的高關稅外，還對厚鋼板實施進口限額。因為國外的低價鋼鐵大量進入美國市場，使得美國鋼鐵業面臨了低迷不振的狀況，許多業者嚴重虧損，工人因而失去工作，因此美國政府採取貿易限制的保護措施。日本在一九九五年放寬稻米進口限制；而在開放稻米自由進口的同時，也訂定關稅及限額等相關的法律規定，確保最低進口的配額量只占日本國內總消費的 3％到 5％，一旦稻米進口的幅度過快，還可以視情況提高進口關稅，用意在於降低進口稻米對日本國內稻米市場的衝擊。

配額限制對國際貿易的影響

進口配額限制和關稅壁壘政策的效果相似，同樣是為了限制進口量而採取的貿易政策，也都提高了進口品的國內價格，並增加本國產量及減少進口量，達到保護國內市場及勞工的權益。唯一不同的是，課徵關稅給政府帶來了稅收，而進口限額則沒有，那多出來的利潤到哪裡去了？由於進口限額政策會導致進口品的國內售價上漲，使國內消費者負擔增加，因消費者多負擔的費用而帶來的利潤則由進口商享受了。

配額限制的政策有時也用來做為貿易制裁的手段，當過多的進口商品擾亂了國內市場供需的情形時，政府可以藉此做為自衛的機制，防止國內產業繼續受到傷害。採行進口限額與進口關稅的目的都有意要扶植國內的新興產業，以擺脫對進口品的依賴，尤其對開發中國家而言，會以發展國內產業經濟為優先，而對進口貨物實施貿易限制。

Tips
新興產業以短期保護為主

政府針對國內新興產業的保護措施大多是短期的，而非長期支持，否則易造成企業不求進步而降低了生產力，對國內消費者的權益也不盡公平。

進口限額與關稅壁壘的作用

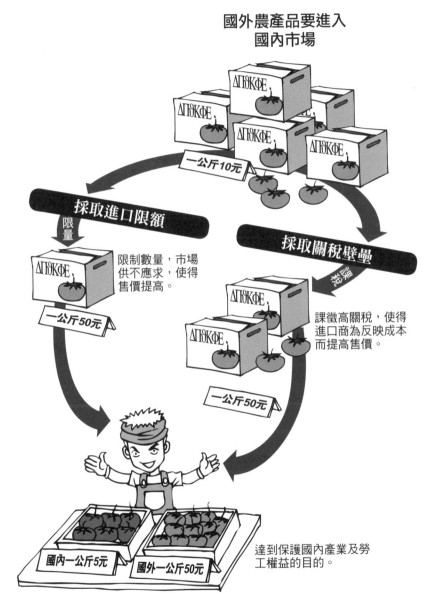

國外農產品要進入
國內市場

一公斤10元

採取進口限額

限量

限制數量，市場
供不應求，使得
售價提高。

一公斤50元

採取關稅壁壘

課稅

課徵高關稅，使得
進口商為反映成本
而提高售價。

一公斤50元

國內一公斤5元　國外一公斤50元

達到保護國內產業及勞
工權益的目的。

世界貿易組織（WTO）

隨著國際貿易的重要性與日俱增，為了減少國際之間的貿易障礙，增加自由貿易往來的機會，以提升各國的福利水準，因而有國際經貿組織的成立，其中又以世界貿易組織（WTO）最廣為人知，中國與台灣都在二〇〇二年正式成為WTO的會員國。

認識世界貿易組織

世界貿易組織（WTO），是針對世界各國間貿易的管理機構，於一九九五年元月正式成立，其前身為關稅暨貿易總協定（GATT），該協定於一九四七年在瑞士日內瓦簽訂生效，目的在於透過多邊貿易，以互惠及無歧視為原則來降低全球的關稅及非關稅障礙，使各國在破除貿易壁壘之下可以展開平等互惠地往來。其規範的貿易範圍包括農產品、紡織品、智慧財產權及服務業等，更進一步擴大到外國直接投資、環保競爭政策及電子商務等與貿易相關的議題。目前全世界約有90%的貿易活動都在WTO的規範下進行。依照WTO協定的內容，WTO的目的在創造一個自由、公平的國際貿易環境，主要的功能為：1. 管理並執行WTO下所簽訂的多邊貿易協定。2. 提供進行多邊貿易談判的場所。3. 解決貿易爭端。4. 監督各國貿易政策。5. 與其他有關全球經濟決策的國際組織進行合作。

加入 WTO 對產業的影響

過去，台灣的經濟對國際貿易的依存度極高，政府為鼓勵出口，抑制進口以保護國內產業，採取了進口關稅及進口管制等措施，但隨著與美國的貿易逆差逐漸擴大，貿易對手要求開放國內市場進行公平貿易的壓力也逐漸增加。因此，台灣積極推動經濟自由化及國際化，在二〇〇二年正式加入WTO後，最明顯的改變是調降關稅、減少非關稅的貿易限制措施、開放服務業市場及政府採購市場等，例如調降國外農產品及工業產品的進口關稅，之前管制進口或限地區進口的商品也逐步開放進口。

貿易的門戶大開，使國內的消費者可以在本國及外國產品上有更多樣化的選擇，但卻也對國內各產業帶來了衝擊，例如過去較受保護的農業市場，在開放後受影響較大的如：稻米、蔗糖、蒜球、及養殖漁業等，直接面臨了進口農產品的競爭，但另一方面，藉由開放也促使國內業者積極開發具有國際競爭力的花卉、熱帶及亞熱帶水果等農產品，以擴大我國外銷的潛力。其次，我國出口競爭力強的電子資訊業，受惠於政府以較低稅率保護之外，又可擴大享受到其他WTO成員國降低關稅及非關稅貿易障礙的好處，將有利於拓展外銷。但對於如汽車業、家電業等內銷產業而言，則有明顯的負面影響。為因應市場開放，這類型內銷產業可透過與國際大廠合作，加入國際分工體系，藉經濟規模來降低成本，減少衝擊。而

包括金融業、電信業等等，將有助於吸收外資、提升經營技術，並加速金融改革以及電信資訊網路與運籌中心的發展。

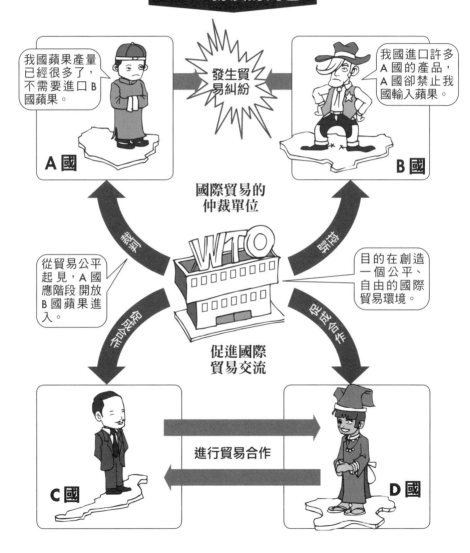

傾銷與反傾銷

在財經新聞中，常常可見到傾銷與反傾銷控告的消息，像是美國曾經對於我國電子業者出口的靜態隨機讀取記憶體（SRAM）的價格過低，而提出控訴，認為我方有傾銷美國之嫌。什麼是傾銷與反傾銷？兩者之間有什麼關連？對貿易會產生何種影響？這些都是貿易之外另一個應關注的話題。

什麼是傾銷與反傾銷？

「傾銷」是指生產者以低於生產成本或本國市場的價格在外國市場求售，使得進口國家的本土產業遭受不公平貿易的實質損害。世界各國普遍認為傾銷是一種不公平的競爭，如果政府發現某家外國公司有傾銷的事實，就可以針對傾銷到該國的商品課徵「反傾銷稅」來墊高價格，以減少傾銷品的進口；或是本國的企業向政府申請反傾銷的保護令，來對抗國外對手傾銷的威脅。

為什麼會有傾銷的行為產生？可能的原因有：1. 當國外市場的需求較本國大時，廠商為追求最大利潤而訂定較國內價格低的外銷價格。2. 國內的出口商有時為了解決國內市場滯銷或短期生產過剩的商品，而採取低價銷售。3. 或一國為了拓展出口，而採取出口補貼，使得出口商出售到國外的產品可以降低價格。

如何因應反傾銷？

在世界貿易組織（WTO）的運作下，貿易保護主義抬頭，因此在日益競爭的國際市場中，一些國家和地區會利用反傾銷的手段，限制進口外國的低廉產品。根據世界貿易組織的統計資料，1995 年至 2012 年，美國在全球採取反傾銷措施的總數來到 469 件，其中更有 312 件被實際執行，占整體 66.5%。由於在貿易公平的原則及貿易競爭的壓力下，使得國際間的反傾銷手段時有所聞，面對這樣的情形，貿易國該如何因應或預防反傾銷的發生？首先，政府應培育一支懂國際法律和世貿規則的隊伍，掌握並運用 WTO 相關的法律規定；再者，為避免貿易夥伴單方面的控訴，可設立反傾銷的制度來反對不公平的貿易行為。另外，保護消費者利益是當今趨勢，且今後的國際產品標準將會愈來愈嚴，因此企業生產必須盡速採用先進標準，以便與國際標準接軌。此外，企業應堅持實施品牌戰略，以創新品牌、強化品牌形象和提高品質優勢來避免只是成為國際大廠的製造供應商。因為許多擁有品牌優勢的國際大廠會授權其他國家的廠商生產旗下的產品，且以該國際品牌來銷售，當多家廠商同時製造相同產品的情況下，容易導致削價競爭，發生以「反傾銷」抵制的情形。

傾銷與反傾銷

出口產品以低於國內價格出售，因而形成傾銷

A 國電子公司
主機板國內售價 1,000 元

產品出口到 B 國

A 國主機板售價
800 元

B 國主機板售價
1,100 元

B 國商務部
提出傾銷控訴

B 國法院宣判 A 國電子產業
有傾銷該產品的行為

課徵高達 145% 的
反傾銷稅

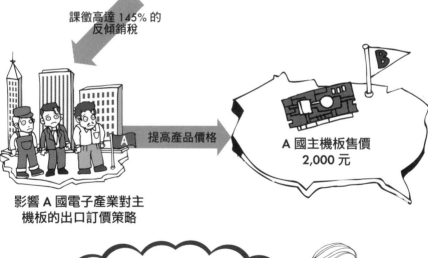

影響 A 國電子產業對主
機板的出口訂價策略

提高產品價格

A 國主機板售價
2,000 元

反傾銷本身是為了保障公平貿易，不
是為了實行貿易保護主義。但傾銷的
控訴通常出現在經濟不景氣時以保護
國內的出口商，例如美國在二〇〇一
年不景氣時，對許多亞洲國家實施反
傾銷措施即是一例。

Chapter

07

全球化的發展——
國際金融

　　隨著一國經濟開放的程度愈高，與世界各國的貿易
往來愈密切，也就更無法置身在全球金融體系之外。國
際貿易的盛行，使貨幣在國際間流通頻繁，由於各國所
採用的貨幣都不相同，因而有匯率做為不同貨幣之間兌
換的依據。匯率的變動會影響到國際貿易的收支情形與
金融市場的穩定，連帶關係著經濟發展的前景。

學 習 重 點 ─────────────

● 匯率的高低如何決定？

● 外匯的需求與供給有哪些？

● 貨幣為什麼會升值、貶值？

● 外匯存底愈多愈好嗎？

● 中央銀行如何干預外匯市場？

● 國際收支、利率與匯率有什麼關係？

● 全球經濟指標對匯率的影響

匯率如何決定？

隨著國際貿易、直接投資等經濟活動的進行，資金在跨國之間流動而出現貨幣移轉的情形。本國貨幣與外國貨幣的匯率也就是兩國貨幣之間的兌換比率。美元、歐元、日圓、泰銖……等外國貨幣，統稱為外匯；購買或出售外國貨幣的市場稱為外匯市場，所交易的商品正是外國貨幣。

什麼是匯率？

從事國際貿易、跨國投資、出國旅遊等活動，都必須先將本國貨幣兌換成外國貨幣，才能與國外進行交易；另一方面收到外幣的現金匯款、支票時，也必須兌換成本國貨幣，才能在國內流通。本國貨幣與外國貨幣的兌換比率就是匯率。當銀行牌告顯示美元兌新台幣的匯率為 33 時，即表示美元 1 塊錢可兌換新台幣 33 元。例如：一部從美國進口的汽車價格為美金 10,000 元，兌換成台幣的價格就是 330,000 元（10,000×33）；若一只手機以新台幣 8,000 元報價出口至美國，折算成美元相當於 242.42 元（8,000÷33）。在實務操作上，外匯如同貨物商品一樣，依價格買賣，所以匯率的另一個說法為貨幣的買賣價格，又稱為「匯價」，例如：33 元台幣買 1 美元。匯率由供需平衡原則而決定，透過公開市場及全球國際銀行連線，由國際知名新聞機構，如美聯社、路透社及彭博社……等，以即時的資訊傳遞，將外匯市場訊息和匯價透明且公開地呈現給投資大眾。

匯率如何產生？

我們用匯率做為國與國之間兌換貨幣的基準，兩國貨幣匯率則是根據兩國貨幣的購買力所決定。然而匯率又是如何產生的呢？我們可以想像，如果世界上只有一種貨幣，同樣貨物無論在哪裡銷售，在沒有任何交易成本之下，價格必然相等，同樣的一筆錢可以在任一國家買到完全等量的商品。因此，當我們要將各國不同貨幣換算成同一種貨幣時，同樣假設每一種貨幣都具有相等的購買力、各國物價水準相同，於是不同貨幣間就可以照一定比率兌換，因而產生了匯率。例如：稻米的價格在台灣為每公斤 10 元台幣，在日本的價格為每公斤 280 日圓，假設米的品質完全一樣，也沒有交易成本，則新台幣對日圓的匯率即為 28 元（280÷10）。

但實際上各國的物價水準會隨時間而變動，各國貨幣的購買力也大不相同，使匯率因而產生高低起伏的變化，所以當同樣商品在不同國家銷售的價格兌換成同一種貨幣做比較時，會發現有些國家賣的貴，有些較便宜。例如：同一台 SONY 電視在美國的售價為 600 美元，在日本則是 70,000 日圓，假設美元兌日圓的匯率為 108，則在日本的電視機售價相當於 648.15 美元（70,000÷108），比美國的訂價貴，所以美國的消費者在國內買會比較划算。但當美元兌日圓的匯率變為 120 時，此時在日本買電視會比較便宜，售價只有 583.33 美元（70,000÷120）。

匯率如何產生與變動

匯率產生 假設各國貨幣的購買力相等，因而決定匯率

台灣
1 公斤
10 元台幣

1. 兩國米的品質一樣
2. 沒有交易成本

 日本
1 公斤
280 日圓

新台幣兌日圓的匯率＝ 280÷10 = 28
➡ **1 元台幣兌換 28 日圓**

> 假設各國物價相等，消費者在哪裡買米都無差異。

匯率變動 實際上各國物價水準會波動影響購買力，使得匯率改變

台灣
1 公斤
10 元台幣

台幣兌日圓的匯率為 25

 日本

1 公斤 280 日圓

換算成日幣售價
➡ 10×25 = 250 日圓

消費者在台灣買米較划算

台灣
1 公斤
10 元台幣

台幣兌日圓的匯率為 30

 日本

1 公斤 280 日圓

換算成日幣售價
➡ 10×30 = 300 日圓

消費者在日本買米較划算

> 實際上各國物價水準會有變動，使匯率也隨之波動。因此，同種商品在不同國家銷售的價格轉換成相同幣別時，價格便會產生差異，因而使得國際貿易有利可圖。

外匯的需求與供給

外匯是國際間的交易媒介，無論是國際間的貿易、投資等商務活動，或個人因出國留學、旅遊等都會產生外匯的需求。外匯如同一般商品，匯價的高低同樣會影響外匯需求量與供給量的變化。

外匯的需求

　　無論對政府、企業或個人而言，產生對外匯的需求不外乎下列幾個原因：1. 進口商支付從國外進口貨物的貨款。2. 本國國民因出國旅遊、留學、出國洽公經商或派駐在國外公司服務等，而需要準備在國外停留期間的開支。3. 政府、民間或金融機構對國外的長期海外投資或購買國外有價證券的資本支出。4. 廠商向國外貸款所須負擔的利息或償付外債的本金。5. 中央銀行基於政策考量而需要買進外匯等。

　　外匯和一般商品的供需關係一樣，當匯價愈低，對外匯的需求會愈多；反之，當匯價愈高，對外匯的需求會愈少。匯率下跌代表進口商對外支付的貨款減少，例如：1,000 美金的國外貨款，當美元兌新台幣的匯率為 1：33 時，台灣進口商要付出 33,000 元台幣；若匯率下跌至 1：30 時，只要支付 30,000 元台幣；匯率下跌時，出國觀光旅遊、留學的成本也隨之下降，因此對外幣的需求自然會增加。匯價與外匯需求量和一般商品的價格與需求量的關係都是一樣呈反向變動的。

外匯的供給

　　產生外匯供給的原因正好和外匯需求相反，造成外匯流入的活動包含：1. 出口商外銷本國製品的營業收入。2. 外國的觀光客、留學生、商人或派駐在本國的人員等等，在國內的消費開支。3. 外國政府或外國投資機構、企業對本國的短長期投資、貸款或購買有價證券的資本流入。4. 外國政府或民間償還向本國的借款，及對本國的援助或贈予。5. 中央銀行為減少外匯存底而出售外匯。

　　若將匯率視為商品的價格來看，當匯價愈高，想要賣外匯的數量就愈多；反之，匯價愈低，出售外匯的意願就較差。匯率的上升將導致外匯的供給量增加，因為匯率上升代表出口商可以把從外國買主手中收到的貨款兌換成更多的本國貨幣，例如：收到 1,000 美金的貨款，當美元兌新台幣的匯率為 1：33 時，台灣出口商可兌換 33,000 元台幣，若匯率上升為 1：35，則可兌換 35,000 元台幣；匯率上升也表示外國觀光客到本國旅遊所須負擔的成本下降，因此帶來更多的外匯收入，使外匯供給量增加。可見匯價和外匯供給量是呈同方向的變動。

匯率高低如何影響外匯供需？

匯率上升 ⬆

表示外國貨幣可兌換的本國貨幣變多。

例 美元兌新台幣的匯率上升

1：33 ➡ 1：35

1,000 美元原先可兌換：

1,000×33 = **33,000 元台幣**

增加到：

1,000×35 = **35,000 元台幣**

外匯需求下降 ⬇ → 買進外匯成本提高，使得需求減少

外匯供給上升 ⬆ → 出售外匯的數量變多，使得供給增加

匯率下降 ⬇

表示外國貨幣可兌換的本國貨幣變少。

例 美元兌新台幣的匯率下降

1：33 ➡ 1：30

1,000 美元原先可兌換：

1,000×33 = **33,000 元台幣**

減少至：

1,000×30 = **30,000 元台幣**

外匯需求上升 ⬆ → 買進外匯成本降低，使得需求增加

外匯供給下降 ⬇ → 出售外匯的數量變少，使得供給減少

匯率愈低，外匯需求愈大；相反地，匯率愈高，外匯供給愈大。

貨幣為何會升值或貶值？

匯率是兩國貨幣交換的比率，而一國貨幣在國際上的價格就稱為匯價，匯率的變動就等於是國內外貨幣交易價格的變化。我們一般在財經新聞中常聽到的貶值或升值，即是指匯率的上升或下降。

什麼是規模經濟？

每一天我們看到匯率的上下波動，都離不開「消息」的引導和影響，這些消息包括央行發布的貨幣政策走向、一國經濟發展趨勢、投資者的心理預期……等等，因而造成匯價升值或貶值的原因。首先是外匯資金的供給與需求，若將匯率看成是商品的價格，當外匯的需求大於供給，匯率就會上升；反之，外匯的供給大於需求，匯率就會下降。一國的經濟狀況與發展趨勢也會伴隨著相關經濟指標的公布而影響匯率的走勢，例如：美國公布周領失業救濟金人數增加或失業率上升的數據，即代表經濟成長缺乏動力的徵兆，而引導美元走貶。外匯投資者的心理預期及市場觀點也會影響匯率波動。另外，央行對外匯市場的干預或貨幣政策的利率走向，都可造成該國貨幣是走強或變弱。

升值與貶值的表示方式

匯率的表示牽涉到兩種貨幣，指的是外國貨幣兌換成本國貨幣的比率。在外匯市場的交易慣例中，常見的表示方式為：美元兌新台幣（USD/TWD）、美元兌日圓（USD/JPY）、歐元兌美元（EUR/USD）等。左側的幣別為基準貨幣（如美元、歐元），右側的貨幣為相對貨幣，也就是一單位的基準貨幣可兌換多少單位的相對貨幣，例如美元兌新台幣的匯價為 34，表示美金 1 元可兌換新台幣 34 元。匯率的下降或上升即為相對貨幣的升值或貶值。例如當美元兌新台幣的匯價由 34 下降至 32，表示新台幣升值；若美元兌新台幣的匯價由 32 上升至 35，表示新台幣貶值。

升值與貶值對進出口的影響

如果本國貨幣升值，代表進口

Tips

美元以相對貨幣表示的情況

由於美元在全球市場上的接受度高，所以美元成為外匯市場中的主要基準貨幣。不過要特別留意的是，原大英國協中的英鎊（GBP）、澳幣（AUD）、紐幣（NZD）及二〇〇二年開始交易的歐元（EUR）則是以美元為相對貨幣來表示。因此當歐元兌美元（EUR/USD）匯價上升，假設由 1.18 上升至 1.20，則代表歐元升值、美元貶值。千萬別弄混淆了。

商的支付金額減少，成本降低，進口品的國內價格將下降；相對地，出口商的收入金額減少，成本增加，出口品的售價將提高，因此有利於進口而不利於出口。例如：石化業以進口原油及原物料為大宗，當本國貨幣升值時，這些進口商的進貨成本下滑，因而有利於進口。反之，若本國貨幣貶值，代表進口商的支付金額增加，成

本提高，進口品的國內價格也將上升；但出口商的收入金額增加，成本降低，出口品的售價將下降，因此有利於出口而不利於進口。例如：台灣的電子業多為外銷電子零組件的出口商，當新台幣貶值時，廠商可以把從國外出口品所獲得的外幣收入，換回更多的新台幣貨款，大大提高了匯兌收益，因而有利於出口商。

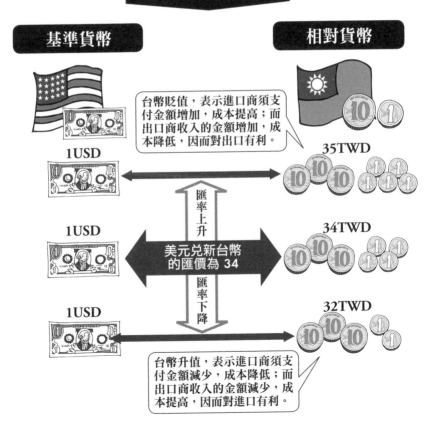

貨幣的升值與貶值

基準貨幣

相對貨幣

1USD　　　　35TWD

台幣貶值，表示進口商須支付金額增加，成本提高；而出口商收入的金額增加，成本降低，因而對出口有利。

1USD　　　　34TWD

匯率上升

美元兌新台幣的匯價為 34

匯率下降

1USD　　　　32TWD

台幣升值，表示進口商須支付金額減少，成本降低；而出口商收入的金額減少，成本提高，因而對進口有利。

123

利率對匯率的影響

隨著國際貿易的發展及金融市場的開放，使得資金在全世界流動，各國利率的高低引導著全球資金的流向，密切影響到匯率的變動。為了維持經濟金融的穩定，如何在利率與匯率間權衡控管成為央行重要的職責之一。

利率高低影響資金流向

不同國家的利率差異會直接影響短期資本在國際間的流動，進而引起匯率的變化。國際金融市場上流動的資金高達數兆美元以上，這些資金俗稱為「熱錢」，如果對熱錢進出沒有任何管制，投資者為了獲得較高的收益，會把資金從利率較低的國家轉向利率較高的國家，進而影響外匯的供需，使匯率產生波動。因為當本國利率高於外國利率時，熱錢會流入本國，造成外匯供給增加，由於外國利率相對較低，本國對外國投資的意願也會降低，對外匯需求因此減少，使得匯率下跌，本國貨幣升值。相反地，如果外國利率高於本國利率，資金就會流向國外，使得對外匯需求增加，造成匯率上升，本國貨幣因而貶值。例如二〇一七年歐元區基本利率已調降為 0%；美國聯邦準備利率則介於 0.5%-0.75% 區間，相較於歐元區零利率，更多資金流入美國，但這些外國的資金必須先轉換成美元才能進行投資，使得美元的需求增加。且歐元區的利率較美國低，資金到歐元區投資的意願也會降低，因此對歐元的需求減少，使美元兌歐元的匯率上升，造成歐元貶值（相對於美元升值）。所以國內外利率的相對變動會引起短期匯率的改變，使得本國貨幣升值或貶值。

利率與匯率的變動關係

根據第五篇所述，央行調降利率可以刺激經濟的復甦與成長，有助於維持經濟繁榮；而調高利率則可以抑制過熱的經濟成長。理論上，如果央行降息會增加貨幣在外流通的數量，應可帶動本國貨幣升值；而升息會抑制貨幣在外流通的數量，可以促使本國貨幣貶值。但實際反映在外匯市場上的情況卻相反，央行降息反而促使本國貨幣貶值；升息反而帶動本國貨幣升值。為什麼會出現這樣的差異？因為央行升息，使商業銀行的存貸款利率相對提高，吸引國際熱錢流入，人們願意將更多資金存入本國銀行，因而提升對本國貨幣的需求，進而推動該國貨幣的升值。另外，由於央行調整利率時，對經濟的影響效果通常要一段時間以後才會顯現出來，有嚴重的時間落差，但外匯投資者容易受消息面影響而產生預期心理，使外匯市場上會立即反映出利率變動對貨幣需求的效應。加上央行的貨幣政策往往以控制通貨膨脹為首要目標，當央行採取升息決策時，一般是在景氣繁榮、物價上揚的時期，目的是抑制通膨，但在景氣繁榮期，本國貨幣轉為強勢，反而有利於本國貨幣升值。

利率改變對匯率影響

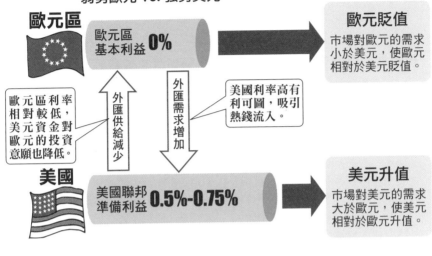

弱勢歐元 VS. 強勢美元

歐元區

歐元區基本利益 **0%**

歐元貶值
市場對歐元的需求小於美元，使歐元相對於美元貶值。

歐元區利率相對較低，美元資金對歐元的投資意願也降低。

外匯供給減少

外匯需求增加

美國利率高有利可圖，吸引熱錢流入。

美國

美國聯邦準備利益 **0.5%-0.75%**

美元升值
市場對美元的需求大於歐元，使美元相對於歐元升值。

央行調息對匯率的影響

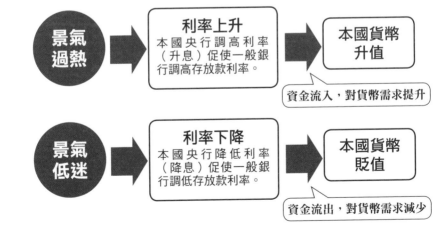

景氣過熱

利率上升
本國央行調高利率（升息）促使一般銀行調高存放款利率。

本國貨幣升值

資金流入，對貨幣需求提升

景氣低迷

利率下降
本國央行降低利率（降息）促使一般銀行調低存放款利率。

本國貨幣貶值

資金流出，對貨幣需求減少

外匯存底

中央銀行所持有的外匯稱為外匯存底，是代表一國官方的外匯準備。由於美元為國際通用的貨幣，因此一般的外匯存底都是以美元為計價單位。或許有人會認為一國的外匯存底是愈多愈好，表示國家經濟強盛，事實上，持有外匯存底的多寡不一定能代表國家經濟發展情形的好壞。

什麼是外匯存底？

在國際間外匯交易上，為了交易或清算的方便，每個國家有必要保有一些外國貨幣或可兌換通貨，例如：外幣存款、外國證券、外國公債等流動性資產，也就是所謂的外匯存底。一國的外匯存底是由中央銀行所持有，並不包括一般銀行或大眾所持有的外匯，所以稱為官方的外匯準備。外匯存底的累積主要來自貿易出超（即貿易順差，也就是出口收入大於進口支出）及外資在國內的直接與間接投資所構成的資本淨流入，少部分來自於外匯存底所產生的利息收入。

中央銀行會保留一定數額的外匯存底，以因應國內人民平時買進外匯的需求，當一般銀行所持有的外匯不足以支付公眾所需時，銀行就可用新台幣向中央銀行購買外匯再賣給一般大眾。外匯存底也代表一國的國際支付能力，提供政府與各國經濟往來時，對外的清算資金。另外，央行負有管理一國外匯存底之責，可透過干預外匯市場做為調節匯率的工具，在必要時做為穩定控制匯率的籌碼。例如在財經新聞中常聽到央行為了穩定外匯市場上新台幣的匯率，而以外匯存底直接投入市場操作。

外匯存底愈多愈好？

台灣在國際間一向以高外匯存底著稱，但外匯存底愈高就代表經濟發展情形愈好嗎？事實上，外匯存底何以激增的原因及包含的內容，都還需要進一步了解，不能光以數字的高低做為判斷的指標。由於亞洲大部分國家都屬於出口型經濟國家，對美國產生龐大的貿易順差，也就是出口貨物到美國所獲得的收入超過從美國進口的支出，使得亞洲國家的外匯存底大都出現大量盈餘，造成貨幣供給迅速擴張，導致經濟過熱及資產價格快速膨脹的結果。外資對國內直接或間接的投資也會替國家帶來外匯，但這些外資可能因國際或國內經濟情勢發生不利因素時，隨時在短期內撤出資金，使得長期穩定的外匯存底並不如表面數字所呈現的豐富。此外，當央行為了抑制本國貨幣升值而影響出口競爭力時，可能會在外匯市場大量買匯以防止本國貨幣的匯率再升高，這雖也替外匯存底帶來進帳，但背後意義可能表示該國景氣仍處低迷，得靠刺激外銷來拉景氣一把。所以外匯存底的多寡並非是判斷經濟發展好壞的主要因素，雖然歐美等先進國家的外匯存底都比台灣少，但並不意味著歐美的經濟發展就比台灣差。

外匯存底的來源與用途

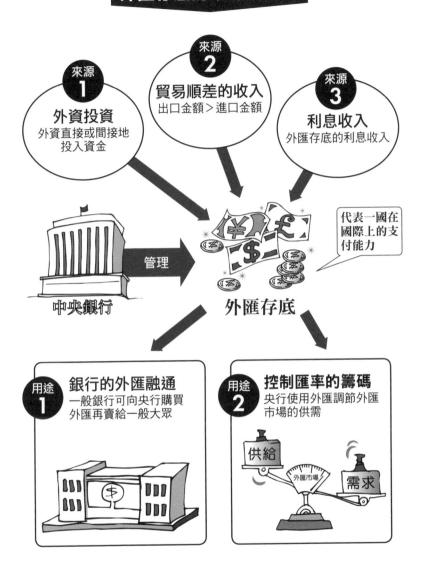

來源 **1** 外資投資
外資直接或間接地投入資金

來源 **2** 貿易順差的收入
出口金額＞進口金額

來源 **3** 利息收入
外匯存底的利息收入

中央銀行 ─管理→ 外匯存底

代表一國在國際上的支付能力

用途 **1** 銀行的外匯融通
一般銀行可向央行購買外匯再賣給一般大眾

用途 **2** 控制匯率的籌碼
央行使用外匯調節外匯市場的供需

供給　外匯市場　需求

中央銀行為何要干預外匯市場？

外匯市場的供給與需求會因環境變化而增減，透過自由市場機能的運作以決定匯率水準。不過，中央銀行基於維護一國經濟穩定的職責所在，或多或少會介入外匯市場，因政策性因素而進場買賣外匯。

央行干預市場的目的

在浮動匯率制度的原則下，應由市場上外匯的供給與需求來決定一國貨幣合理的價位。不過若是中央銀行發覺本國貨幣的匯率偏離了政府和央行所訂立的目標，或是出現不合理的價位波動，因而影響國內經濟發展及國際貿易的經濟利益時，央行不可避免地會在外匯市場上出現干預的動作。一般而言，干預的目的有兩個：一是緩和波動劇烈的外匯市場。任何國家都以穩定金融市場發展為政策目標之一，當外匯市場出現價格劇烈的波動時，容易引發投機客利用大幅度的買賣價差，大量炒作賺取利益，這時央行會藉由調節外匯的供給量，引導匯率至某一價位來排除投機客的炒作。這種干預動作是迅速而明顯的，在每天外匯市場的交易中不斷上演，主要是為了能夠立即糾正過度的價格偏差所採取的應急措施。第二是維持匯率在某一水準。有時央行的干預並非在匯率出現劇烈波動時才進行，而是從整體經濟來考量，訂定匯率波動幅度的範圍，一旦匯率超過這個範圍，央行就會考慮進行干預。

央行干預的方式及效果

央行干預市場的方式有二種：使用美元或使用本國貨幣，其中以美元干預市場是最常見的方式。干預的方法是利用供需原則，透過調整外匯市場上供給或需求的數量，進而調整匯率水準。例如：若市場上美元兌日圓的匯率為 105（即 1 美元兌換 105 日圓），假設美元此時走弱，市場上美元的需求量小於美元的供給量之下因而壓低了美元的價位，使得美元兌日圓的匯價從 105 降至 103，日圓也因而升值。由於升值會不利於出口，日本央行（BOJ）為了維持出口競爭力，想讓日圓貶值、並把美元的匯價推升上來，就必須增加美元的需求量或減少美元的供給量，同時減少日圓的需求量或增加日圓的供給量，如此一來就能使美元走強、日圓走弱。於是日本央行出面在外匯市場上大量買進美元、拋售日圓，讓美元升值、日圓貶值，結果美元兌日圓的匯率從 105 上升到 107，干預後顯示出美元強、日圓弱的局面。

央行干預外匯市場目的

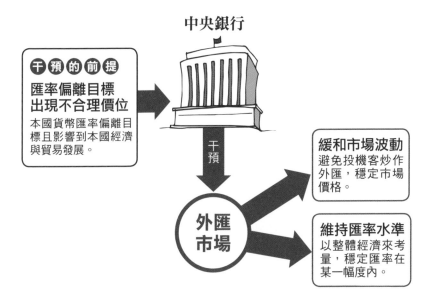

中央銀行

干預的前提
匯率偏離目標
出現不合理價位
本國貨幣匯率偏離目標且影響到本國經濟與貿易發展。

干預

外匯市場

緩和市場波動
避免投機客炒作外匯，穩定市場價格。

維持匯率水準
以整體經濟來考量，穩定匯率在某一幅度內。

央行干預外匯市場的方法

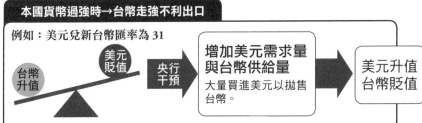

本國貨幣過強時→台幣走強不利出口

例如：美元兌新台幣匯率為 31

台幣升值　美元貶值

央行干預

增加美元需求量與台幣供給量
大量買進美元以拋售台幣。

美元升值
台幣貶值

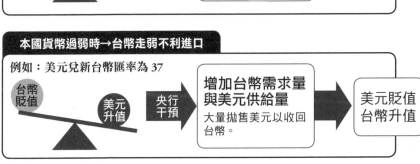

本國貨幣過弱時→台幣走弱不利進口

例如：美元兌新台幣匯率為 37

台幣貶值　美元升值

央行干預

增加台幣需求量與美元供給量
大量拋售美元以收回台幣。

美元貶值
台幣升值

國際收支帳對匯率的影響

有些人有記帳的習慣，以了解個人收支的情形；擴大來看，如果是國家記錄與其他國家貿易往來的情形，這樣的「帳」就稱為國際收支帳。而跨國的資金流動及貿易失衡牽動著各國匯率的升降波動，從國際收支帳的變化可以觀察到一國經濟發展與匯率改變的情形。

什麼是國際收支帳？

國際收支帳（BOP）是指一國在某一期間內與世界其他國家發生交易往來的紀錄，用以掌握整個國家的外匯收支情形，因此世界各國都有國際收支帳的編製。它可說是國家對外往來的貿易帳本。國際收支帳的主要內容可以區分為二部分：一為經常帳，主要是記載商品與勞務輸入與輸出的收支情形，與各國之間的通貨移轉有關。二為資本帳，主要記錄與其他國家之間資金或金融性資產的資本流動情形。例如：本國公司到海外進行投資，或本國國民匯款給海外求學的子女，都屬於資本帳上的資本流出；若有外商公司來台灣進行投資建設，或外國人來台置產，則屬於資本帳的資本流入。經常帳餘額加上資本帳餘額就等於國際收支帳。

國際收支順逆差的影響

如果國際收支的整體餘額為正數，國際收支出現順差，表示有外匯淨盈餘產生，反映出該國經濟成長的動能及整體經濟的內外表現良好，也使得外匯市場的參與者看好該國的貨幣，因而推升貨幣的價格。就如同股票市場上投資人會看好某家公司的前景而持有該公司的股票，使股價上揚是相同的意思。因此我們可以推論，

當這些外匯淨盈餘在外匯市場上兌換成本國貨幣時，直接增加了對本國貨幣的需求，也增加市場上外匯的供給，因而促使本國貨幣升值。

相反地，國際收支的整體餘額出現負數，則為國際收支逆差，表示該國產品的國際競爭力下降、出口量縮小，減弱整體經濟實力。外匯市場的參與者會因為該國的國際收支表現不佳而預期該國貨幣未來會貶值，而在市場上先行拋售，使該國貨幣價格逐漸走軟。如果以外匯的供需來看，國際收支逆差表示進口所須付出的外匯大於出口所收進來的外匯，導致在外匯市場上拋售本國貨幣去購買外幣的需求增加，使得本國貨幣貶值。

貿易順逆差的影響

想要了解一國經貿情況的好壞，貿易的盈餘或赤字是衡量一國與其他國家貿易往來情形最廣泛的指標。進出口貿易平衡是經常帳的項目之一，也是推動國際收支帳順差或逆差的主要原因。所謂貿易平衡是指一國對外商品的進口支出與出口收入相等的狀態，若一國出口總金額減去進口總金額的所得是正的，稱為順差或出超；若是負的，則稱為逆差或入超。貿易平衡如果有持續性順差，或順差擴大、逆差縮小，都會使本國貨幣升值；

相反地，若貿易平衡逆差擴大或順差縮小，都會使本國貨幣貶值。例如美國龐大的貿易赤字導因於美國對世界各國的進口量遠超過美國對海外市場的出口量，使得美國對世界各國的負債迅速增加，以二○○三年起至二○○九金融風暴前夕這段期間為例，美元走貶，以調整美國與世界各國的貿易平衡問題，理論上應有助於提振美國的出口市場，透過外匯資金的增加來改善貿易赤字。

順逆差對匯率的影響

貿易平衡
出口總額＝進口總額

貿易順差	貿易逆差
出口總額＞進口總額	出口總額＜進口總額

國家整體經濟良好
產品具有國際競爭力，出口市場擴大。

國家整體經濟減弱
產品的國際競爭力下滑，出口市場萎縮。

1. 外匯市場參與者增加對本國貨幣的需求。
2. 有外匯盈餘可兌換本國貨幣。

1. 外匯市場參與者降低對本國貨幣的需求。
2. 須拋售本國貨幣支付進口金額。

本國貨幣升值
匯率下降

本國貨幣貶值
匯率上升

經濟指標與全球金融市場

在全球金融市場的交易中，常常會關注各項重要經濟指標的公布對匯市產生的影響。在各國都會有一些專責的研究機構及經濟學家們針對總體經濟進行預測或評估，由於美國身為全球經濟體的龍頭，因此在實務上，美國特有的經濟指標成為判斷美國甚至於全球經濟情勢發展的重要標竿。

美國常見的經濟指標

美國經濟在世界上占有極大的份量，目前約有三十幾個國家將本國貨幣直接釘住美元，與美元維持固定匯率，因此經濟數據分析的焦點自然就放在美國。在此介紹幾個由美國所公布、常見且深具影響力的經濟指標。在勞動市場方面，每週公布的就業報告，除了失業率外，非農業就業人數及每週初領失業救濟金人數，是市場上常注意的指標。其中，非農業就業人數的數據，代表了一國工業或服務業整體活躍或繁榮的程度，當非農業就業人數愈少，表示工業或服務業的就業人數增加，顯示經濟處於繁榮階段。在家計消費方面以密西根大學消費者信心指數為代表，由於消費者支出是經濟成長的重要支柱之一，最高消費信心水準定為 100，消費者信心指數愈高，表示市場預期未來經濟前景看好，消費者因而增加消費支出。在工業生產方面有採購經理人指數，是衡量美國製造業的體檢表，包含生產、新訂單、商品價格、存貨等範圍，通常以 50% 做為經濟強弱的分界點，當指數高於 50%，則為經濟景氣擴張的訊號。

如何解讀經濟指標？

在解讀經濟指標時有一些要注意的地方，以做為我們對於金融市場走勢的判斷。首先，數據的好壞與增減並非一致。不是每個數據增加都表示利多，而減少就代表利空。例如：失業率升高、初領失業救濟金人數增加對美元的走勢是看貶的。另外，美國在公布每一項經濟指標之前，都會請一些研究機構或經濟學家們對經濟指標進行預測和評估，這些預測數據和實際數據的比較也是影響貨幣走勢的因素之一。例如：美國公布的消費者信心指數雖然比前期低，但比預測數據表現好，因此市場上有可能視為好消息，而使美元走升。除了要注意經濟指標實際的數據外，更要留意前後期增減幅度的變化。因為由增減幅

Tips

哪些國家被視為經濟指標的分析基礎？

除了美國所公布的經濟指標是各國注意的重點之外，一般市場也會特別留意包含美國在內的七大工業國：加拿大、法國、德國、義大利、日本、英國及美國的相關經濟指標，因為這些國家的總產量約占全球 GDP 的三成，因此常被視為研究分析的基礎。

度變化的情形才能直接反映出該指數所代表的意義。例如：美國公布二〇一七年一月失業率為 9.4%，比上個月（二〇一六年十二月份）上升了 0.2%，0.2％這個數值才是市場人士普遍關注的焦點，表示月增率為 0.2%，失業率整體是上升的。

美國經濟指標對匯率的影響

經濟數據指標	數據表現	代表意義	對匯率影響
失業率	升高	失業人口愈多，表示國家生產力下降、經濟表現不佳。	⬆
失業率	降低	失業人口愈少，表示國家生產力旺盛、經濟持續發展。	⬇
初領失業救濟金人數	增加	人數增加表示失業人口增加。	⬆
初領失業救濟金人數	減少	人數減少表示失業人口減少。	⬇
非農業就業人數	增加	顯示在工業及服務業的就業人口增加，經濟發展活絡。	⬇
非農業就業人數	減少	顯示在工業及服務業的就業人口減少，經濟發展逐漸蕭條。	⬆
密西根大學消費者信心指數	增加	消費者預期會增加未來消費。	⬇
密西根大學消費者信心指數	減少	消費者預期會減少未來消費。	⬆
採購經理人指數	增加或高於 50%	經濟景氣擴張的訊號。	⬇
採購經理人指數	減少或低於 50%	經濟景氣衰退的訊號。	⬆

※ 在此僅針對經濟數據本身的好壞對匯率的影響。若匯率上升，則本國貨幣貶值；若匯率下跌，則本國貨幣升值。

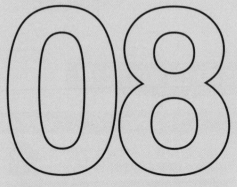

Chapter

08

經濟成長與
經濟發展

　　要如何衡量國家的經濟成長是好是壞呢？除了之前
提到的GDP可以做為衡量經濟成長的指標外，其他如：
景氣變化、物價水準、失業率等也可以觀察一國經濟成
長的情形。景氣的變化會影響到經濟發展的情況，從景
氣的蕭條、復甦到繁榮形成一個周而復始的循環，與人
民生活更是息息相關。通貨膨脹與失業則是現代社會所
面臨的兩項重要社會議題，像是央行的貨幣政策中特別
重視物價的表現，因為物價持續上漲或下跌都會影響經
濟發展的好壞。而失業率的高低不僅關係著經濟成長，
持續升高的失業率更會產生嚴重的貧富差距，因此政府
要特別抑制通膨、對抗通縮與拯救失業，都是為了避免
這些問題造成經濟發展的阻礙。

經濟成長

隨著社會愈趨繁榮，一國在經濟的產出與所得也隨之增加，我們稱此為經濟成長。一國的經濟成長率通常是以國內生產毛額（GDP）的年增長率來衡量，而影響經濟成長的主要因素，包括了資本累積、技術進步、儲蓄、投資、創新與人力資本等，這些因素通常是相輔相成，共同成為一國經濟成長的動力。

什麼是經濟成長率？

在經濟學上所說的「經濟成長」是專指國民總生產或平均每人所得的增加，也就是國內生產毛額（GDP）的增加或平均每人國內生產毛額的增加。因此，「經濟成長率」是指國家在一年實質總產出的年增率或平均每人實質所得的年增率。當民間消費、投資增加、政府支出增加及進出口貿易出現順差，會直接使得經濟成長率增加，反之則會減少。經濟成長率高，表示一國在當年度的生產情況良好，全國財富增加的幅度高；而經濟成長率低表示經濟情況不佳，全國財富增加的幅度低。因此，我們說國內生產毛額（GDP）是衡量經濟活動最全面也最重要的依據，而經濟成長率則是觀察經濟景氣好壞與否的重要指標。

影響經濟成長的因素

經濟成長代表國家人民的產出與所得增加，而一國產出增加的原因主要有以下三項：一是生產商品與服務的勞動力增加；二是提供生產所需設備的資本迅速累積；三是技術進步使生產力提高。除此之外，使得資本累積與技術進步的重要因素來自於儲蓄與投資。因為一個高儲蓄率的國家，表示有充沛的資金可供利用，企業家可以經由投資金額的增加，迅速累積資本，為自己及企業創造更多的利潤，並透過投資引進更新的技術，提高生產力。而生產技術的進步包含了導入新產品、引用新的生產方法、開拓新市場、取得新原料的供給來源及實行新的組織型態等，透過企業家的創業精神與技術創新相互結合，又進一步提升了生產效率，因而提高了經濟成長與每人國民所得，此為「創新」所帶來的效益。七〇年代崛起的亞洲四小龍（台灣、香港、韓國、新加坡）是典型的例子。

然而經濟成長還有一項重要的決定因素是「人力資本」，因為人力資本是生產力的來源，而生產力的大小決定了生活水準的高低，透過教育訓練可以改善勞動力的素質，進而推動一國的經濟成長。像是台灣經濟成長的主要動力，一般認為是來自於教育普及使人力素質提升。然而事實上，無論是資本累積、技術進步、還是創新與人力資本等因素，通常並不能獨立地促成經濟成長，而必須多方面的配合才能達成。

Tips
什麼是軟著陸或硬著陸？

當一國經濟歷經強勁的經濟成長後，仍維持緩和的成長，並未因此反轉衰退即
是「軟著陸」。而「硬著陸」則是指一國的經濟在高成長之下同時伴隨著高通
膨，使得經濟迅速從擴張期直接走向低成長甚至衰退。

生產成本的內容

民間消費
個人購買商品
或是買房子等
消費支出愈
高，表示消費
愈活絡，經濟
成長的動能也
愈強。

設備投資
企業購買可
提高產能的
廠房或是機
械設備等。

影響經濟成長率增加的因素

公共支出
政府推動公共建設如造橋、修路、建港
口等等，以帶動對原物料的需求並創造
就業機會，使經濟成長。

貿易順差
出口總額大於進
口總額因而產生
貿易餘額。

影響經濟成長的因素

資本
一國在高儲蓄率下有充
沛的資金可進行投資，可
使企業迅速增加資本量、
擴充產能。

高儲蓄率 → 增加投資 → 累積資本 → 高儲蓄率

技術創新
新技術配合創業精神形
成創新，提升生產效率，
使經濟成長。

企業家創業精神 ＋ 生產技術創新 ＝ 創新

勞動力
透過教育訓練改善人力
素質，提升競爭力，促成
經濟成長。

教育普及 → 創造好的人力資本 → 提高生產力

景氣循環

我們常以「景氣」來陳述整體經濟表現的情況，所謂的「景氣好」就是指整體經濟顯得繁榮有活力；「景氣差」則是指整體經濟蕭條狀況差。事實上，景氣好壞並非一成不變，景氣由好到過熱、由衰退到復甦這一整個變動的過程，即稱為「景氣循環」。

什麼是景氣循環？

景氣是指一國在某一時期經濟活動的頻率，也就是當時一般經濟活動盛衰的狀況。而隨著時間的變化，經濟活動呈現出活絡與低迷交互變動的現象，使得整個經濟活動的過程形成了周而復始的循環，稱為「景氣循環」。當景氣循環上升時稱為「擴張期」，上升到最高點時稱為「高峰」；當景氣循環下降時稱為「收縮期」，下降到最低點時稱為「谷底」；我們可再將擴張期劃分為復甦、繁榮兩階段，而收縮期劃分為衰退、蕭條兩階段。一般而言，復甦是指景氣脫離谷底逐漸恢復的階段；繁榮是指經濟維持相當活絡的狀態。而衰退表示景氣由高峰轉降，經濟活動呈現趨緩的現象，至於景氣蕭條則是指經濟長時間的嚴重衰退。

在長期經濟發展的過程中，通常某些時期內經濟活動頻繁，形成景氣擴張期，經過一段時間的擴張會達到高峰，之後經濟活動會逐漸緩和，甚至出現負成長，形成景氣收縮期，最後降至谷底，此後景氣又開始復甦好轉，再進入另一階段的擴張。由於擴張與收縮交替出現，使得景氣變化的過程具有某種程度的週期性。

景氣為什麼會循環？

景氣為何會產生變動？景氣循環的原因可分為外在及內在的因素。外在的因素主要是指發生在經濟體系以外的因素，像是戰爭、政治事件或重大科技突破等重要外在事件的衝擊。例如：過去的美伊戰爭、美國九一一的恐怖攻擊、台灣發生的九二一大地震等都使得經濟景氣趨於衰弱。雖然發生外在因素會使得景氣產生波動，但隨著外在因素的影響力逐漸退去，景氣狀況會回到當時循環的階段。

而內部的因素導因於經濟體系內部的不穩定，主要來自於供給與需求之間無法取得平衡。當市場上供給小於需求時，企業必須投入更多的資金、人力以因應不斷擴大的需求，產量隨之提高，使企業獲利增加，景氣開始擴張，但榮景維持一段時間後，因為需求不可能無限制的擴大，例如對汽車的需求，當我們買一輛新車後，會使用一陣子而不會馬上換新，因此，需求會在某個時間點上停滯下來，此時就是景氣的轉換點。由於先前的產能擴充，生產線滿載，企業開始調漲售價以反映需求擴大後愈來愈高的原物料成本及工資，然而此時市場需求在達到高點後逐漸下降，使得企業生產的產品因大量滯銷而囤積，企業於是縮減投資導致供給再度不

足。因為這樣的循環已成為無法避免的常態，所以透過景氣循環的狀態可以反映出社會經濟活動的情形，進而判斷未來經濟發展的趨勢。

景氣循環的階段與影響因素

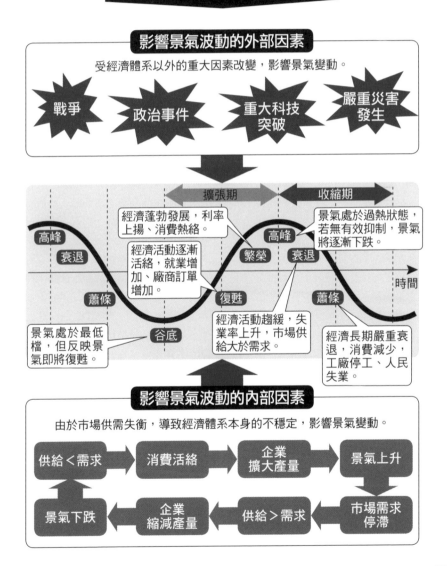

影響景氣波動的外部因素

受經濟體系以外的重大因素改變，影響景氣變動。

戰爭　　政治事件　　重大科技突破　　嚴重災害發生

擴張期　　收縮期

經濟蓬勃發展，利率上揚、消費熱絡。

景氣處於過熱狀態，若無有效抑制，景氣將逐漸下跌。

高峰　衰退

經濟活動逐漸活絡，就業增加、廠商訂單增加。

高峰　繁榮　衰退

蕭條　　復甦

時間

景氣處於最低檔，但反映景氣即將復甦。

谷底

經濟活動趨緩，失業率上升，市場供給大於需求。

蕭條

經濟長期嚴重衰退，消費減少，工廠停工、人民失業。

影響景氣波動的內部因素

由於市場供需失衡，導致經濟體系本身的不穩定，影響景氣變動。

供給＜需求 → 消費活絡 → 企業擴大產量 → 景氣上升

景氣下跌 ← 企業縮減產量 ← 供給＞需求 ← 市場需求停滯

如何判斷景氣好壞？

由行政院國發會根據各項經濟活動指標所編制的景氣對策信號，每個月都會定期向外公布，用以判斷未來景氣。做為決策參考的景氣對策信號是一組信號標幟，分別以紅、黃紅、綠、黃藍、藍等五個燈代表景氣由繁榮到衰退的信號。

什麼是景氣對策信號？

我們要如何判斷景氣榮枯為未來的投資、消費做準備呢？財經報導上公布的景氣對策信號會是一項重要的參考指標。所謂「景氣對策信號」是藉由燈號表示目前景氣所處的階段，以提供決策當局擬定景氣對策的參考，並綜合判斷短期未來的景氣是否將進入過熱或衰退。行政院國發會在每月二十七日會公布上個月相關的景氣指標，由景氣過熱到景氣衰退分別以紅燈、黃紅燈、綠燈、黃藍燈、藍燈等五種燈號表示。亮出「綠燈」表示當時的景氣穩定；「紅燈」表示景氣過熱，政府宜採取緊縮措施，使景氣逐漸恢復正常狀況；「藍燈」表示景氣衰退，政府須採取強力刺激景氣復甦的政策；「黃紅燈」表示景氣活絡；「黃藍燈」表示景氣欠佳，黃紅燈與黃藍燈均為注意性燈號，需要密切注意後續的景氣動向，而適時採取因應措施。

景氣好壞對生活的影響

除了透過景氣對策信號來判斷目前景氣的狀態，景氣是蕭條或繁榮由民間消費的活絡程度也可見端倪。一般在景氣循環的過程中，大多數的經濟影響因素也會呈現相同的變動方向。例如：在景氣擴張期，生產銷售量、就業量、物價、利率與利潤等都會呈現上升的趨勢，反之在景氣收縮期，這些經濟影響因素大多會呈現下降的趨勢。因為景氣繁榮時，消費者會因所得增加及對未來前景看好而增加消費，使得企業的生產銷售量提高，利潤也隨之增加，因而累積更多的資本去投資建設，進而需要僱用更多的人力，使就業人口的比例上升；同時廠商為了因應過多的消費需求而調高售價，物價上漲的現象於是產生。

相反地，在景氣蕭條時，消費者對未來的展望較悲觀，消費者支出意願低落，使得企業的生產量及利潤降低，因而大幅削減投資、裁員減縮的情形比比皆是，造成社會上失業人口增加，使經濟低迷的狀況又更雪上加霜。以美國為例，其 GDP 占全球比重超過兩成，是全球最大的經濟體，因此美國經濟景氣的盛衰影響全球至深。之前美國經歷經濟泡沫化、低成長及九一一恐怖攻擊事件後，全球經濟也隨之走下坡，一直到二〇〇四年至二〇〇八年金融海嘯前夕這段期間，隨著美國景氣逐漸復甦也引領全球從蕭條的陰影走出，台灣也從中感受到景氣呈現好轉：工作機會增多、街頭消費的人群變多、房地產再度活躍等，由此可見景氣好壞對我們的生活影響至深。

景氣對策信號的意義

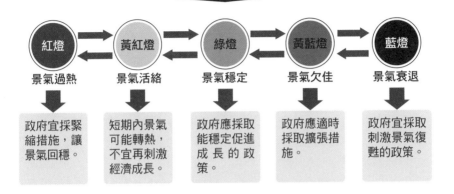

紅燈	黃紅燈	綠燈	黃藍燈	藍燈
景氣過熱	景氣活絡	景氣穩定	景氣欠佳	景氣衰退
政府宜採緊縮措施，讓景氣回穩。	短期內景氣可能轉熱，不宜再刺激經濟成長。	政府應採取能穩定促進成長的政策。	政府應適時採取擴張措施。	政府宜採取刺激景氣復甦的政策。

景氣好壞的影響

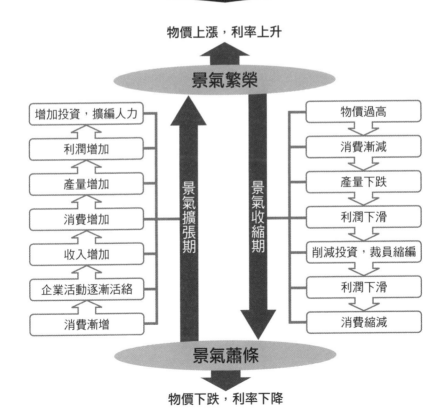

物價上漲，利率上升

景氣繁榮

增加投資，擴編人力
利潤增加
產量增加
消費增加
收入增加
企業活動逐漸活絡
消費漸增

景氣擴張期

景氣收縮期

物價過高
消費漸減
產量下跌
利潤下滑
削減投資，裁員縮編
利潤下滑
消費縮減

景氣蕭條

物價下跌，利率下降

通貨膨脹

景氣代表著目前經濟發展所處的階段，但各國中央銀行的貨幣政策中最重視的不是景氣好壞，而是物價的表現。因為央行的首要任務就是維持物價穩定，只有物價穩定才能促進經濟均衡且持久地成長。如果物價發生持續上揚的現象就稱為「通貨膨脹」。

為什麼會通貨膨脹？

通貨膨脹是指平均物價水準持續上揚的狀態，而通貨膨脹率通常是以消費者物價指數（CPI）的變化率來表示，也就是指消費者在一般零售店購買商品及服務的價格指數。若指數上升不只是代表物價上漲，也表示貨幣的購買力下降了，例如：牛肉麵一碗由 50 元變為 80 元，原本 200 元的餐費可讓一家四口各自吃一碗，現在大概只能合吃兩碗半，貨幣的價值因而貶低了。

造成物價上漲的原因可分為兩類：一是需求增加，又稱為「需求拉動的通貨膨脹」，像是央行增加貨幣供給量，讓多數人握有的資金變多了，因而增加的消費需求超過了供給面的產能，使整體物價水準因需求擴大而向上攀升，形成通貨膨脹的壓力。另一種導致通膨的原因是供給減少，主因在於成本的增加，如工資或原料價格的上升，因此又稱為「成本推動的通貨膨脹」，例如：因應國際原油價格上揚，使得國內油價隨之調漲，則是由成本上漲所推動，但這是短暫性物價上漲的起因。現實中，總供給不斷減少的現象很少，多數的惡性通貨膨脹都是因為總需求不斷增加所造成的。

通貨膨脹的後果

當通貨膨脹發生時，會使得日常生活必需品的價格普遍上揚，若要維持原來的消費水準，就得增加開銷。此外，我們的資產價值可能因通貨膨脹而侵蝕殆盡。存在銀行的儲蓄帳戶、或定存所獲得的固定利息收入如果跟不上通貨膨脹的速度，會使我們的實質購買力減少。通貨膨脹也會產生財富重新分配的現象，例如湯姆向銀行借了 100 萬，年利率 5%，因此一年後湯姆要還銀行 100 萬元的本金和 5 萬元的利息，假設物價一年上漲 10%，則所借的 100 萬元，到了明年須還 105 萬元的實際購買力只有954,545 元（1,050,000÷(1+10%)）；

Tips

什麼是菜單成本與皮鞋成本？

因應物價變動所須付出的額外成本，稱為「菜單成本」，這個說法來自於餐廳會因應物價變動而重新印刷新價目的菜單。當物價持續上漲，會使大眾的消費態度趨於謹慎，買東西時會跑好幾家店做比較，因而耗損了皮鞋，表示花在交易的時間及成本增加了，則稱為「皮鞋成本」。

因此，在物價上漲之下，使得湯姆原本要還銀行的本利和價值減少了，而銀行借了 100 萬元，實際上卻只能回收 95 萬元，因而遭受到損失。因此預期之外的通貨膨脹對於債務人有利，卻對債權人不利。當利率調整幅度未能充分反映物價的上漲，而使一方得利、一方受損就是財富重新分配的現象。此外，通貨膨脹還會扭曲稅率，假設老王買了股票並在一年後出售，賺了 15% 的收益，如果同時間的通貨膨脹率正好是 15%，則老王根本沒賺到錢，15% 的收益剛好彌補所喪失的 15% 的購買力，但政府一樣針對 15% 的資本利得課稅，一樣造成財富重新分配。

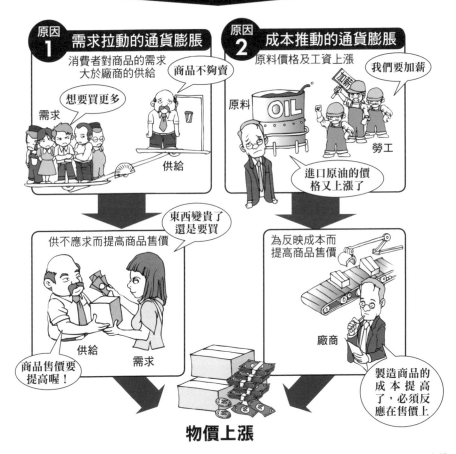

143

通貨緊縮

如果物價有呈現持續下跌的現象，就稱為「通貨緊縮」。雖然物價持續下跌對消費者似乎有利，實際上卻對總體經濟發展有嚴重的衝擊。一九三○年代的全球通貨緊縮引發了經濟大蕭條時期；九○年代日本經濟泡沫化、二○○○年網路泡沫化、二○○八年美國金融海嘯，影響遍及全球，都曾引發通貨緊縮的疑慮。

為什麼會通貨緊縮？

　　通貨緊縮和通貨膨脹正好相反，是指平均物價水準不斷下滑的現象。經濟學家普遍認為當消費者物價指數（CPI）連跌兩季時，就表示已經出現了通貨緊縮的現象。當國家的經濟成長疲弱時，消費者的消費意願會降低，使得市場在供過於求的狀況下，物價開始下跌，社會大眾會因為預期物價將持續下跌，因而採取延遲購買、觀望等待的態度，造成消費者支出下滑，連帶地促成物價再下跌，經濟停止成長，因而發生通貨緊縮的現象。而企業為了刺激景氣，又進一步降低售價，致使經濟又陷入衰退，形成可怕的通貨緊縮惡性循環。過去日本的經濟緊縮是一個很好的教訓，一九九○年代日本因經濟泡沫化，而逐漸陷入通貨緊縮的恐慌，雖然 39 元的平價商店興起，隨處可見價格破壞戰，使得一方面商品價格下跌、一方面企業獲利減少，出現減薪、裁員的情形，更進一步地抑制了消費。日本央行為了刺激景氣，採取調降利率的寬鬆貨幣政策，演變成幾乎是零利率的狀態，但由於物價下跌的速度比利率下降的速度快，因此，貨幣政策對當時改善經濟蕭條的情況完全使不上力。

通貨緊縮對經濟的傷害

　　通貨緊縮除了使消費者減緩消費外，也使得資產價格縮水，人們因為覺得自己薪資縮水了而不願意多消費，對消費採取謹慎保守的態度，使消費量進一步萎縮。且物價跌得愈凶，借貸的實際成本就愈高，因為今天向銀行所借的 100 萬元，在一年以後要還的金額會比當初約定要還的本利和的價值還高，使得貸款人的實質債務加重。而且隨著物價下跌，一年後的 100 萬元相較於當初借來的 100 萬元更具有購買力，人民因而寧願囤積現金，也不願提早償還貸款，造成民間債務大量累積，銀行收不回來的呆帳增加了，可能引發銀行倒閉的危機。面對呆帳的風險，銀行因此緊縮銀根，但調高利率卻也提高了貸款成本，使得龐大的庫存現金貸放不出去，不能順利地將資金挹注到經濟體系中，借不到錢的中小企業面臨生存危機。因此，廠商為了降低損失而減少生產，引發裁員及延緩投資的行動，企業的利潤再度下滑，進而使經濟成長受阻。此外，整體資產價格的下跌更是嚴重，房地產與股價的下跌直接引發消費者的信心危機，害怕現在買會有損失，但消費者愈是延後消費或投資，物價下跌的情形便會愈嚴重。此時若央行降息也無法帶動民間

投資，將使得通貨緊縮更形惡化，加重經濟衰退的現象。因此通貨緊縮對經濟與民生的殺傷力遠比通貨膨脹屬害，會使整體經濟陷入嚴重的惡性循環。

如何對抗通貨膨脹與通貨緊縮？

通貨膨脹若持續發生，會嚴重扭曲經濟造成財富重新分配、購買力下滑，資產價值也會隨著時間逐漸下降，而長期的通貨緊縮會抑制投資與生產，導致失業率升高及經濟衰退。由於通膨與通縮都會嚴重妨礙一國經濟成長，因此各國政府都將對抗通貨膨脹與通貨緊縮視為重要的政策目標。

通貨膨脹的因應方式

當大家手邊的金錢過多而競相搶購商品，會使得商品及勞務的總需求大於總供給，這種由需求拉動的通貨膨脹是造成物價上揚最常見的情形。一般解決通貨膨脹的方法有兩種，一是「冷火雞法」，採取激烈冷卻的方式以迅速緊縮市場上的貨幣供給，立即冷卻通膨的現象，但經濟成長卻會大受影響。另一種較溫和的方式是「漸進式法」，透過慢慢減少市場上的貨幣供給量，使物價上漲的情形逐漸趨緩，對經濟成長的影響也比較緩和，但要消除通貨膨脹的現象可能較為費時。

這兩種方式都是藉由緊縮貨幣供給來達成，必須由中央銀行來操作，例如：調高重貼現率，使市場利率提升，減少貨幣供給，設法使過熱的經濟活動降溫；或調高法定準備率，使銀行可貸放的資金減少，緊縮信用；或透過發行政府公債，收回現金以減少市場上流通的貨幣等，都可以減輕通貨膨脹的壓力。像是中國過去於二〇〇四年宣布採行使經濟降溫的宏觀調控措施，效果就相當於緊縮性的貨幣政策，目的也是在抑制通貨膨脹的大幅上升。

因應通貨緊縮的政策

通貨緊縮是因為過度供給與需求不足所造成，如果要改善通貨緊縮的情況，當然以提振國內需求為優先。中央銀行可採取寬鬆的貨幣政策，利用調降利率來刺激景氣，鼓勵民間消費，讓企業的借貸成本下降，增加企業借錢來投資的意願。不過從日本慘痛的通縮經驗中發現，由於物價下滑的速度往往比利率下滑的速度還快，使得日本央行以降息刺激景氣的成效有限。因此，央行的貨幣決策時機很重要，必須在市場資金緊縮時，適時採取資金把關的措施，以避免物價持續下跌，使貨幣政策失去影響經濟成長的力量。此外，面對民間消費投資不振，可以藉由擴張性財政政策來達到提振景氣的作用，如：減稅或擴大公共支出。但此做法必須考慮到政府是否還有舉債及減稅的空間，及有計畫性地編列預算避免排擠其他重要支出等，才不至於浪費了國家資源，延誤了提振經濟的時機。

通貨膨脹因應措施

冷火雞法

大幅調降貨幣供給量，迅速冷卻市場過熱的經濟。

缺點
造成經濟嚴重衰退。

漸進式法

慢慢減少貨幣供給量，使物價上漲情形趨緩，不致於影響經濟發展。

缺點
達到抑制通膨的效果費時。

緊縮性貨幣政策

調高重貼現率

調高法定準備率

出售政府公債

效果

減少貨幣供給量、降低消費需求以緩和物價上漲。

通貨緊縮因應政策

政府

擴張性貨幣政策

擴張性財政政策

調降利率

減稅

增加公共支出

提升消費與投資需求以提振景氣

失業問題與失業率

失業人口的存在代表勞動市場的人力資源出現失調的狀況。如果個人面臨了失業問題，會造成個人或家庭的生計負擔；若同時有很多人失業，對整體社會而言，不但是人力資源的浪費，更會形成嚴重的社會問題，進而阻礙到經濟成長，因此失業也是每一個經濟社會所關注的問題。

就業情形好壞的影響

影響人民生活水準的因素有很多，除了通貨膨脹與通貨緊縮外，一般人都必須工作才有飯吃，所以就業情形的好壞也是老百姓關心的重點。由於九年國民教育的實施，所以在勞動市場中，凡是年滿十五歲以上有能力參與生產活動，不論是否已經就業都屬於「勞動力」的範圍。但全職學生、家庭主婦，或因衰老、殘障而無法工作者，及其他有工作能力卻沒有找工作的人則屬於「非勞動力」。勞動力可以區分為就業人口與失業人口兩大類。有全職或兼職工作的人就是就業人口，而失業人口是指目前沒有工作而正在找工作，以及可以馬上找到下一個工作的待業者。

如果社會上想要就業的人都能找到適合自己的工作，生活自然有了依靠，當人民富足後，就會提高消費水準，廠商也會因市場的消費需求提高而擴大生產，進而需要更多的人力，創造更多的就業機會，在這樣的良性循環下，國家經濟會逐漸繁榮。當社會上凡是有意願且有能力工作的人都能找到可接受薪資待遇的工作，即達到「充分就業」的狀態。

相反地，如果有意願且有能力工作的人很多，但工作的機會卻很少，此時就會出現失業的情形。若一國的失業問題很嚴重，在失業者的手頭相當拮据之下，相對地就會減少消費，使得企業的業績無法提升，進而縮減對勞動力的需求，在這樣的惡性循環下，將造成整體經濟活動衰退、一國的生產力及競爭力下降，同時使得就業者和失業者之間的所得落差進一步擴大，形成嚴重的貧富不均，引發更多的社會問題。

失業率的重要性

在討論失業的問題時，最常用也最受關注的指標是「失業率」。失業率是指勞動力中，失業人口所占的百分比。由於失業率的增加，通常是在經濟不景氣的情況下發生，意味著企業生產規模縮小或營運狀況不佳，發生人力縮編或裁員的現象，使經濟成長趨緩；相反地，當景氣熱絡後，產業會逐漸成長，公司對人力的需求就會增加，使得就業人口增加，失業率自然會下降。所以失業率的高低對一國的整體經濟表現有其重要的意義，一方面直接反映了就業與失業的增減情形、經濟景氣的好壞程度，另一方面更反映了社會穩定的程度。因此，每一國的政府都會將充分就業、降低失業率做為國家政策的重要方向。

勞動市場人力資源的區分

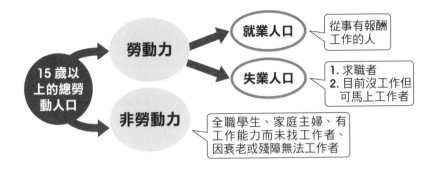

15歲以上的總勞動人口

勞動力

就業人口 — 從事有報酬工作的人

失業人口 —
1. 求職者
2. 目前沒工作但可馬上工作者

非勞動力 — 全職學生、家庭主婦、有工作能力而未找工作者、因衰老或殘障無法工作者

景氣好壞對失業率的影響

・停止徵才
・縮編人事
・削減生產規模

景氣惡化 → 失業人口增加 → 失業率上升

景氣繁榮 → 失業人口減少 → 失業率下降

・大舉徵才
・擴編人事
・擴增生產規模

失業的種類

有時候失業不一定是個人因素，可能是整體經濟環境的影響而造成失業問題，因此，依據產生原因的不同，可以將失業分為三類：摩擦性失業、結構性失業與循環性失業。

摩擦性失業

摩擦性失業是指人們在轉換工作的過程中發生失業的現象，其中包含初次求職的社會新鮮人，及有工作經驗的求職者，因為離開原來的工作而尋找下一個新工作的過渡期間，暫時沒有工作。這些人預期是可以找到工作，只是需要充分的求職求才資訊來輔助，以避免離開工作的時間太久造成人力資源的浪費。因此摩擦性失業是無法完全消除的現象，尤其在每年畢業求職的旺季中，總是會有一些畢業生無法在短期間內找到合適的工作，出現畢業即失業的狀況，因而使失業率的統計在六月到八月這段畢業季期間會攀升。摩擦性失業發生的多寡與搜尋工作成本的高低有很大的關係，如果找工作的資訊流通、交通便利，使得求職者找工作較為便利容易，就會減低摩擦性失業的發生。

結構性失業

結構性失業是指因為產業結構的轉變或區域發展的變化，導致求才與求職之間發生不能配合的狀況，使得失業人口增加。例如國家在經濟發展的過程，由農業轉型為工業再變成以服務業為主的產業結構，原本從事紡織、農產品加工的人力在轉型為以資訊電子服務為主的產業結構時，這些人力因產業的沒落也逐漸喪失了工作機會。

想要解決結構性失業的問題，除了讓喪失工作機會的舊產業人力遷移到其他有相關產業需求的地區外，更積極的方式是從加強教育及接受新的職業訓練著手，輔導舊產業的人培養新的技能以配合經濟結構的轉型。例如台灣在二〇〇〇年底歷經網路產業泡沫化、國際景氣崩跌，加上產業結構調整的陣痛，基層勞力競爭不過中國、東南亞等廉價的勞工及低生產成本，使許多勞力密集產業紛紛移往中國發展。到了二〇〇一年起，失業潮已從藍領擴散至白領工作者，加上資訊科技日益發達，企業自動化逐漸取代人工，也使得人力需求下降。因此，結構性失業的特效藥是讓失業者積極再進修，培養重回職場的實力。

循環性失業

因景氣循環的衰退或蕭條所引起的失業狀況，稱為「循環性失業」。最主要的影響因素為勞動市場需求不足造成工作機會減少，很多人因而失去了工作，但這和整體的經濟循環有關，解決的方法也只能由刺激景氣方面著手，來改善失業的情況。

認識失業的種類

摩擦性失業

原因 轉換工作過程的失業現象

例如 在找工作的畢業生與有工作經驗的求職者。

因應措施

搜尋工作成本降低

交通便利

資訊流通

結構性失業

原因 工業結構或生產技術改變導致舊工作消失

例如

農業 → **轉型** → 工業 → **轉型** → 服務業

農業人口失業　勞動密集產業人口失業

因應措施

1 遷移到其他地區

2 教育進修

3 職業訓練

循環性失業

原因 因景氣循環的衰退或蕭條而形成失業

例如 景氣不佳，勞動力需求下降。

因應措施

調節景氣循環
刺激景氣復甦

貧富國家與失業的關係

高失業率一定會發生在經濟落後的地區嗎？在比較各國的失業率情況時，會發現一些社會福利先進的已開發國家，例如歐洲的失業率也居高不下，到底富國與窮國之間的失業情況有什麼差異？為什麼富國也會發生高失業率的現象？

富國發生高失業率的原因

在比較各國的失業率情況時，會發現一些國民所得高的國家，其失業率居然也是居高不下，根據經濟合作暨發展組織（OECD）在二〇一六Q3的統計中，歐盟國家平均失業率為 8.5%，同期行政院主計處公布我國失業率為 3.99%，歐盟國家的失業率為我國的兩倍多。為何經濟發展成熟的國家的失業率不斷攀高？可能的因素有：以歐盟國家而言，由於擁有完整的社會福利制度，勞工受到各種福利的保障，如果失業了會有優渥的失業救濟金補助，因此企業在考慮解僱員工時也會格外謹慎，而求職者在找新工作時，即使有工作機會，願意接受的速度也比較慢，因而形成一個僵化的勞動市場。另一個原因是經濟發展程度高的國家的工資普遍高於其他落後國家，使企業在全球化的布局當中為了降低經濟成本，產業不斷向低工資國家移動，使得許多人在這些富強國家的工作機會逐漸減少，於是失業率節節升高。

儘管富國政府會採行種種降低失業的措施，失業者也有高保障的社會福利做支撐，但失業人口仍然是富強國家最大的痛。然而完善的社會保險及社會福利制度，使得失業不至於造成人民生活上極大的壓力，反而因國家的經濟體質良好可承受一定程度的失業所帶來的衝擊，使社會經濟能夠持續發展。

人力資本的優劣擴大貧富差距

高失業率除了影響社會經濟發展外，更拉大了貧富之間的差距。經濟學家在研究貧窮與所得不均的問題得從「人力資本」的概念說起。人力資本指的是個人所擁有的所有技能，包含教育、知識、個人特質、創造力、專業能力等，這些技能是屬於個人獨一無二的資產，別人無法輕易剝奪。當我們在職場中，一個人所具備的這些專屬技能愈多，所獲得的報酬就愈高。當然有人是天賦異稟，但多數人的技能都是藉由教育、專業訓練和工作經驗的累積所獲得，因此大家都深信目前投資的人力資本可以為未來帶來更高的收益。

在世界各地，會淪入貧窮的國家大部分的原因是缺乏技能或人力資本，人民因而無法找到工作、獲得好的報酬，而勞動者也多為傳統及勞力密集高的基層勞工，容易直接受到經濟景氣不好的影響，使得高失業的問題在經濟發展較落後的國家成為普遍的現象。而相較於經濟發展落後的國家，富國在培育人力資本上更具能力

與資源，因此使得貧者愈貧，富者更富。這當中的差別在於高水準的人力資本可以為國家創造財富和刺激經濟成長，即便發生高失業率的問題，卻有更高的承受能力去抵抗失業所引發的社會問題，及降低可能的社會經濟成本。

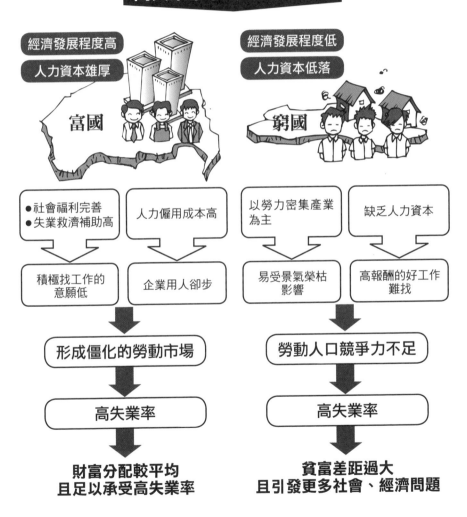

高失業率下的富國與窮國

經濟發展程度高
人力資本雄厚

富國

社會福利完善
失業救濟補助高

人力僱用成本高

積極找工作的意願低

企業用人卻步

形成僵化的勞動市場

高失業率

財富分配較平均
且足以承受高失業率

經濟發展程度低
人力資本低落

窮國

以勞力密集產業為主

缺乏人力資本

易受景氣榮枯影響

高報酬的好工作難找

勞動人口競爭力不足

高失業率

貧富差距過大
且引發更多社會、經濟問題

國家圖書館出版品預行編目資料

圖解經濟學 / 溫美珍著. -- 修訂初版. -- 臺北市：易博士文化, 城邦文
化出版：家庭傳媒城邦分公司發行, 2017.03
　　面；　公分
ISBN 978-986-480-015-5(平裝)
1.經濟學
550　　　　　　　　　　　　　　　　　　　　106002844

DK0072

圖解經濟學【修訂版】

作　　　　者	／溫美珍
執 行 編 輯	／賴靜儀、莊弘楷
企 畫 監 製	／蕭麗媛

業 務 經 理	／羅越華
總　　編　　輯	／蕭麗媛
視 覺 總 監	／陳栩椿
發　　行　　人	／何飛鵬
出　　　　版	／易博士文化
	城邦文化事業股份有限公司
	台北市中山區民生東路二段141號8樓
	電話：(02) 2500-7008　　傳真：(02) 2502-7676
	E-mail: ct_easybooks@hmg.com.tw
發　　　　行	／英屬蓋曼群島商家庭傳媒股份有限公司城邦分公司
	台北市中山區民生東路二段141號2樓
	書虫客服服務專線：(02) 2500-7718、2500-7719
	服務時間：週一至週五上午09:30-12:00；下午13:30-17:00
	24小時傳真服務：(02) 2500-1990、2500-1991
	讀者服務信箱：service@readingclub.com.tw
	劃撥帳號：19863813
	戶名：書虫股份有限公司
香 港 發 行 所	／城邦（香港）出版集團有限公司
	香港灣仔駱克道193號東超商業中心1樓
	電話：(852) 2508-6231　　傳真：(852) 2578-9337
	E-mail：hkcite@biznetvigator.com
馬 新 發 行 所	／城邦（馬新）出版集團【Cite(M) Sdn. Bhd】
	41, Jalan Radin Anum, Bandar Baru Sri Petaling,
	57000 Kuala Lumpur, Malaysia.
	電話：(603) 9057-8822　　傳真：(603) 9057-6622
	E-mail：cite@cite.com.my
美 術 編 輯	／偉恩個人工作室、簡至成
內 頁 插 畫	／溫國群
封 面 構 成	／簡至成
製 版 印 刷	／卡樂彩色製版印刷有限公司

■2005年05月11日 初版
■2017年03月16日 修訂初版
■2023年11月27日 修訂初版7.5刷

城邦讀書花園
www.cite.com.tw

ISBN 978-986-480-015-5

定價300元　HK$ 100